2015年安徽省高校重大教学改革研究项目研究成果（项目编号：2015zdjy029）
2014年安徽大学教学改革与建设项目研究成果（项目编号：xjtszy1405）

计算机
信息检索

JISUANJI XINXI JIANSUO

陆和建　方雅琴　翁畅平　等◎编著

安徽师范大学出版社
· 芜湖 ·

责任编辑:王一澜

装帧设计:任 彤

图书在版编目(CIP)数据

计算机信息检索 / 陆和建等编著.—芜湖:安徽师范大学出版社,2017.1(2025.1 重印)

ISBN 978-7-5676-2638-6

Ⅰ.①计… Ⅱ.①陆… Ⅲ.①机器检索—信息检索 Ⅳ.①G254.92

中国版本图书馆 CIP 数据核字(2016)第 214788 号

计算机信息检索

陆和建　方雅琴　翁畅平　等　编著

出版发行:安徽师范大学出版社

　　　　　芜湖市九华南路189号安徽师范大学花津校区　　邮政编码:241002

网　　址:http://www.ahnupress.com/

发 行 部:0553-3883578 5910327 5910310(传真)E-mail:asdcbsfxb@126.com

印　　刷:阳谷毕升印务有限公司

版　　次:2017年1月第1版

印　　次:2025年1月第2次印刷

规　　格:700×1000　1/16

印　　张:13.5

字　　数:206千

书　　号:ISBN 978-7-5676-2638-6

定　　价:55.00元

前　言

　　随着我国"十二五"规划的圆满完成以及"十三五"规划工作的开启，我们不难总结出在国家综合实力不断提升的过程中，以经济、科技创新为主题的知识经济逐渐成为整个社会发展的主动力。因此，在知识经济成为国家发展重要战略资源之一的过程中，如何及时准确、便捷有效、经济地获取满足自身需求的信息，成为知识经济和网络时代对人们提出的新要求，也是当代大学生必须具备的基本信息素养之一。

　　1984年，中华人民共和国教育部发文，要求在全国高等学校开设信息素质教育课程"文献检索与利用"。三十多年来，作为高等学校提高学生信息素质，培养学生创新精神和科研创新能力的主要课程之一，信息检索类课程已在全国高校普遍开设。它的开设极大地提高了我国高校学生获取知识和信息的技能，为培养大学生的信息素质打下了坚实的基础。

　　然而，随着当今计算机技术、通讯技术和网络技术的发展，信息检索从之前的纸质手工检索发展到当今数字化的基于网络平台的计算机检索，信息检索的教学内容和手段发生了巨变。目前，高校信息检索类课程教学理论课偏多，实践环节薄弱，已无法适应当下高校信息检索类课程实践教学的需要。

　　为了顺应时代发展要求，响应高校教学改革的深化和素质教育的深入，本书的作者们在多年来教学实践的基础上，结合日新月异的现代信息存储与检索技术的新特点，对图书馆学、情报学、档案学、信息管理与信息系统以及管理科学与工程等专业的主干课程"计算机信息检索"的教学内容进行了革新，适时地把信息检索领域的最新知识和成果充实进来。全书内容系统地阐述了传统的信息检索理论的基本知识与检索工具体系，同时紧密结合数字化、网络化信息环境的特点，综合、全面地介绍了包括OA开放获取资源在内的广泛的信息获取来源，多种类型计算机信息检索系统、检索技术和检索手段等。

　　本书秉着"授之以渔"的编写原则，以培养学生信息意识与信息素养为主导思想，以如何利用各种类型信息进行实际检索为出发点和落脚点，结合大量检索实例解析检索方法与步骤，逐步培养学生利用、加工、处理信息的能力。希望学生学习本书后，能够认识到何时需要信息，如何选择最合适的检索工具和系统，获得查找、评价和有效利用所需信息的能力。

本书不仅可以作为图书馆学、情报学、档案学、信息管理与信息系统、管理科学与工程等专业本科生与研究生教材，同时也可作为图书情报专业学位教育、图书馆从业专业人员继续教育的教材。

本书由安徽大学等高校以及安徽省图书馆的学者和专家共同编写。陆和建负责全书大纲的提出及内容的构思，各章节撰写的具体分工情况是：第一、二章由陆和建、周乃泉编写；第三章由方雅琴编写；第四章由翁畅平编写；第五、八章由康嫒嫒编写；第六章由吴凡编写；第七章由李祝启编写。全书由陆和建统稿。我们在编写过程中广泛吸取了国内外大量相关研究成果，参考和引用了许多图书馆学专家、学者的有关著述，在此谨致诚挚的谢意！

信息检索是一个技术发展和更新速度非常快的领域，本书对该领域国内外最新研究进展还难以全面把握，加之我们学识有限，书中难免有疏漏和不妥之处，恳请专家和读者批评指正。

陆和建

2016年5月

目　录

第一章　绪　论 ……………………………………………………001

　第一节　信息、信息意识与信息素质 …………………………002

　　一、信息 ……………………………………………………002

　　二、信息意识 ………………………………………………003

　　三、信息素质 ………………………………………………005

　第二节　信息检索概述 …………………………………………005

　　一、信息检索的概念 ………………………………………005

　　二、信息检索的类型 ………………………………………006

　　三、信息检索的一般程序 …………………………………007

　　四、信息检索的方法 ………………………………………010

　　五、信息检索的重要意义 …………………………………011

　　六、信息检索的发展阶段 …………………………………012

　　七、信息检索的发展趋势 …………………………………014

　第三节　作为一门学科的信息检索 ……………………………016

　　一、检索理论研究 …………………………………………017

　　二、检索语言研究 …………………………………………017

　　三、数据库研究 ……………………………………………017

　　四、著录法研究 ……………………………………………017

　　五、标引和组织法研究 ……………………………………018

　　六、检索系统研究 …………………………………………018

　　七、检索策略研究 …………………………………………018

　　八、检索服务研究 …………………………………………018

　　九、检索技术研究 …………………………………………018

第二章　计算机信息检索的基础理论 …………………………020

　第一节　计算机信息检索概述 …………………………………021

　　一、计算机信息检索的含义 ………………………………021

　　二、计算机信息检索的类型 ………………………………021

三、计算机信息检索的发展历史 ································022

第二节 计算机信息检索系统的构成与检索原理 ···········025

一、计算机信息检索系统的构成 ·····················025

二、计算机信息检索的原理 ·························026

第三节 计算机信息检索的技术与策略 ···················027

一、计算机信息检索的技术 ·························027

二、计算机信息检索的策略 ·························031

第三章 国内主要计算机信息检索系统 ·····················034

第一节 综合性文献数据库 ·····························035

一、中国知网 ···································035

二、万方数据知识服务平台 ·························047

三、维普资讯 ···································051

四、中国高等教育文献保障系统 ·····················055

第二节 超星电子图书 ·······························057

一、概述 ·····································057

二、主要访问方式 ·······························058

三、检索方法和阅读方法 ··························058

四、超星电子图书的下载 ··························059

五、读秀学术搜索简介 ··························059

第四章 国外主要计算机信息检索系统 ·····················062

第一节 Springer Link 数据库 ·························064

一、资源介绍 ···································064

二、检索功能 ···································064

三、检索结果显示与输出 ··························065

四、个性化功能 ·································067

第二节 EBSCO 数据库 ·······························069

一、资源介绍 ···································069

二、检索功能 ···································071

三、检索结果显示与输出 ··························075

四、个性化功能 ·································077

第三节 ScienceDirect 数据库 ·························077

一、资源介绍 ···································077

二、检索功能 …………………………………………………078

三、检索结果显示与输出 ………………………………082

四、个性化功能 ………………………………………083

第四节　IEEE/IET Electronic Library ………………084

一、资源介绍 …………………………………………084

二、检索功能 …………………………………………085

三、检索结果显示与输出 ………………………………089

四、个性化功能 ………………………………………090

第五节　Web Of Science™ ……………………………091

一、资源介绍 …………………………………………091

二、检索功能 …………………………………………092

三、检索结果显示与输出 ………………………………095

四、个性化服务 ………………………………………097

第六节　Ei Compendex …………………………………097

一、资源介绍 …………………………………………097

二、检索功能 …………………………………………098

三、检索结果的显示和输出 ……………………………100

四、个性化服务 ………………………………………101

第七节　ProQuest Dialog ………………………………102

一、资源介绍 …………………………………………102

二、检索功能 …………………………………………103

三、检索结果显示与输出 ………………………………105

四、个性化服务 ………………………………………105

第八节　FirstSearch ……………………………………106

一、资源介绍 …………………………………………106

二、检索功能 …………………………………………107

三、检索结果显示与输出 ………………………………108

四、个性化功能 ………………………………………108

第五章　特种文献检索 …………………………………111

第一节　专利信息及其检索 ……………………………112

一、专利及专利文献 ……………………………………112

二、国内专利文献检索 …………………………………116

三、国外专利文献检索 ┈┈┈┈┈┈┈┈┈┈┈┈ 121

第二节 学位论文及其检索 ┈┈┈┈┈┈┈┈┈ 122

一、国内学位论文网络检索系统 ┈┈┈┈┈┈ 123

二、国外学位论文网络检索系统 ┈┈┈┈┈┈ 124

第三节 会议文献及其检索 ┈┈┈┈┈┈┈┈┈ 125

一、国内会议文献检索 ┈┈┈┈┈┈┈┈┈┈┈ 126

二、国外会议文献检索 ┈┈┈┈┈┈┈┈┈┈┈ 127

第四节 标准文献及其检索 ┈┈┈┈┈┈┈┈┈ 128

一、标准文献概述 ┈┈┈┈┈┈┈┈┈┈┈┈┈ 128

二、中国标准及文献检索 ┈┈┈┈┈┈┈┈┈┈ 132

三、国际标准及文献检索 ┈┈┈┈┈┈┈┈┈┈ 134

第五节 科技报告及其检索 ┈┈┈┈┈┈┈┈┈ 136

一、科技报告概述 ┈┈┈┈┈┈┈┈┈┈┈┈┈ 136

二、我国科技报告及其检索工具 ┈┈┈┈┈┈ 137

三、国外科技报告及其检索工具 ┈┈┈┈┈┈ 140

第六章 多媒体信息检索 ┈┈┈┈┈┈┈┈┈┈┈┈ 143

第一节 多媒体信息检索概述 ┈┈┈┈┈┈┈┈ 144

一、多媒体信息检索概述 ┈┈┈┈┈┈┈┈┈┈ 144

二、多媒体信息检索的特点 ┈┈┈┈┈┈┈┈┈ 145

三、多媒体信息检索的途径 ┈┈┈┈┈┈┈┈┈ 146

四、多媒体信息检索的策略 ┈┈┈┈┈┈┈┈┈ 147

五、多媒体信息检索的原理 ┈┈┈┈┈┈┈┈┈ 148

六、多媒体信息检索的数据库技术 ┈┈┈┈┈ 150

七、多媒体信息检索发展前景展望 ┈┈┈┈┈ 151

第二节 基于内容的多媒体信息检索 ┈┈┈┈ 152

一、基于内容的图像信息检索 ┈┈┈┈┈┈┈ 152

二、基于内容的音频信息检索 ┈┈┈┈┈┈┈ 154

三、基于内容的视频信息检索 ┈┈┈┈┈┈┈ 155

第三节 常用多媒体搜索引擎与信息检索系统 ┈┈ 156

一、多媒体信息搜索引擎 ┈┈┈┈┈┈┈┈┈┈ 156

二、多媒体信息检索系统 ┈┈┈┈┈┈┈┈┈┈ 158

第七章　网络信息检索 ··163

　第一节　网络信息检索概述 ····································164

　　一、网络信息检索的概念及特点 ·······················164

　　二、网络信息检索的类型 ·······························164

　　三、网络信息检索的技术 ·······························165

　　四、网络信息检索的技巧 ·······························168

　第二节　网络信息检索工具 ····································169

　　一、网络信息检索工具的类型 ·························169

　　二、搜索引擎概述 ·····································170

　　三、常用的搜索引擎简介 ·······························172

　第三节　OA资源检索 ···180

　　一、OA资源概述 ·····································180

　　二、OA资源实现模式 ·································183

　　三、常用的OA资源 ···································185

第八章　信息检索的应用 ··193

　第一节　信息资源的采集与评价 ·································194

　　一、信息采集原则 ·····································194

　　二、信息采集途径 ·····································194

　　三、信息鉴别方法 ·····································196

　　四、信息提炼方法 ·····································197

　第二节　科技查新 ···198

　　一、科技查新概述 ·····································198

　　二、科技查新的步骤 ···································199

　第三节　开题报告撰写 ···201

　　一、报告内容 ···201

　　二、写作要求 ···201

主要参考文献 ··204

第一章 绪 论

【内容概要】

本章系统地阐述了信息的定义及其与知识、情报、文献的关系，信息意识、信息素质的基本内涵。介绍了信息检索的基本知识，有步骤、有重点地论述了信息检索的一般程序与方法，指出了信息检索的重要意义、发展阶段和发展趋势。介绍了有关信息与信息检索的基础知识和信息检索包括的研究内容。

【要点提示】

- 信息的定义及其与知识、情报、文献的关系
- 信息意识与信息素质的内涵
- 信息检索的概念、类型与程序
- 信息检索的重要意义、发展阶段和发展趋势
- 信息检索的基础知识和研究内容

第一节　信息、信息意识与信息素质

多年来，信息、信息意识、信息素质这三个名词在国内外文献中被广泛使用。经过近几年的研究，国内外的专家对有关信息与信息资源的概念与类型已基本达成共识。

一、信息

（一）信息的概念

信息无时无处不在。信息与人类社会的发展紧密相联，从结绳记事到人类登上月球，从日常生活到科学研究，人们都在自觉或不自觉地利用信息。信息的概念也在不断发展，有关信息的确切定义，有许多种说法。人们研究信息的角度与目的不同，信息的定义也就不同。

申农认为，信息是用来减少随即不确定性的东西；维纳认为，信息是指人们适应外部世界，并在这种适应为外部世界所感知的过程中，同外部世界交换的东西的名称；图书情报学家则认为，信息可以定义为"事物"或"记录"，"记录"所包含的信息是读者通过阅读或其他认知方法而获得的。

综合各家定义的合理内涵，我们认为：信息是所有事物的存在方式和运动状态的反映，我们通常能够通过声音、语言、体态、符号、文字、信号、数据、图形、视频等载体和传播渠道感觉到这种反映。信息具有客观性、普遍性、价值性、再生性、时效性、无限性、相对性、抽象性、依附性、动态性、共享性、传递性等特点，信息量的大小是可以测量的。从不同的角度对信息进行划分，可分为不同的类型。例如，从信息性质分，可分为语法信息、语义信息和语用信息；从信息应用部门分，可分为工业信息、农业信息、政治信息、科技信息、文化信息、经济信息等；从信息的记录符号分，可分为语音信息、图像信息、文字信息和数据信息；等等。

（二）信息与知识、情报、文献的关系

知识是人类通过信息对自然界、人类社会及思维方式与运动规律的认识与概括，或者是主体关于事物的运动状态和状态变化规律的抽象化描述。人们在日常生活、社会活动和科学研究中所获得的对事物的了解，其中可靠的成分就是知识。

情报是指被传递的知识或事实。古代的情报主要是指战时关于敌情的报告。在当今的信息时代，情报指在人类社会中传递的信息。

文献，不仅包括图书和期刊，而且包括会议文献、科技报告、专利文献、科技档案等特种文献，甚至包括用声音、图像以及其他手段记录知识的全部出版物。文献是在一定时间和空间内用符号和载体积累和传播情报的最有效的手段。目前，文献仍是情报最主要的来源，是情报的主体部分。

信息概念不仅包括人与人之间的消息的交换，而且还包括人与机器之间、机器与机器之间的消息交换，以及动、植物界信号的交换。知识是人的大脑通过思维重新组合的系统化了的信息，是特殊的信息，是信息中最有价值的部分。人类既要通过信息认识世界、改造世界，又要把所获得的信息组织成知识。可见，知识是信息的一个部分，而信息则是构成知识的因素之一。情报属于人工信息的范畴，信息和知识都是它的来源：激活的知识变成情报，失去时效的情报还原为知识。它们的转换过程如下：物质运动发出信息；信息经人脑加工变成知识；知识被记录成文献，被传递成为情报；情报应用于实践产生新的信息，失去时效又还原为信息。

综上所述，信息是知识中的一部分，文献是信息的一种载体。文献不仅是信息传递的主要物质形式之一，也是吸收、利用信息的主要手段之一。

二、信息意识

同样重要的信息，有的人善于抓住，有的人却漠然视之。这是由于个人的信息意识强弱不同造成的。一个获取和利用信息能力强的人必然是一个拥有高度信息意识的人。那么，什么是信息意识呢？

（一）信息意识的内涵

有学者认为，信息意识是人类特有的对待信息的思想、理论、观点的总和。信息意识是人反映信息的最高级形式，它产生于社会生产劳动过程中。信息意识的存在是以人能动地、自觉地对待信息的能力为前提的，这种能力使人有可能识别信息、确定自己与信息的关系，并组织人们开展有目的的信息活动。

还有学者认为，信息意识是人们利用信息系统获取所需信息的内在动因，具体表现为：对信息的敏感性、选择能力以及消化、吸收信息的能力。有无信息意识决定着人们捕捉、判断和利用信息的自觉程度，而信息意识的强弱对能否挖掘出有价值的信息起着关键作用。

也有学者认为，信息意识是指图书馆工作人员对信息的敏感度，捕捉、分析、判断和吸收信息的自觉程度。对数字图书馆馆员而言，信息意识是指对信息和信息工作的感觉、知觉、情感和意志等。数字图书馆馆员的信息意识对其信息行为必然起着控制作用，其信息意识的强弱将直接影响数字图书馆信息行为的效果。

（二）信息意识的培养

现代社会，知识的发展、分化、老化、失效速度大大加快，人们不得不面对"信息危机"。实际上，大学生处在一个比较封闭的校园环境中，与社会的信息交流较少。大学生的信息意识还很弱，没有养成良好的信息思维习惯。作为大学生，应具有这样一种信息意识：认识到信息和新活动的联系，认识到信息对他们的学习、科研以及课余活动的效用，认识各种信息源的价值和信息机构提供的产品和服务，形成对信息的积极体验，进而产生与学习和课余科研相适应的信息需求和信息行为倾向。经常注意并搜集各种载体的信息，积极利用包括图书馆在内的各种信息机构的服务，努力扩充知识面，主动、有意识地去学习信息检索技能。信息意识是可以培养的，经过教育和实践，可以由被动的接受状态转变为自觉活跃的主动状态，而被"激活"的信息意识又可以进一步推动信息技能的学习和训练。

三、信息素质

（一）信息素质的内涵

"信息素质"一词最早是由美国信息产业协会主席保罗·泽考斯基在1974年的报告中提出来的。他认为，信息素质是人们在工作中运用信息、学习信息技术、利用信息解决问题的能力。1989年，美国大学与研究图书馆协会把信息素质定义为：一系列有关个人能意识到信息需要并能找到、评价和有效利用所需信息的能力。

在我国，信息素质通常被定义为：从各种信息源中检索、评价和使用信息的能力，是信息社会劳动者必须掌握的终身技能。信息素质主要有以下三方面的内涵：①信息意识，良好的信息意识是认识信息、利用信息的基础与保障；②信息能力，指人们收集有效信息、运用信息知识和操作信息活动的能力；③信息道德，信息道德是社会个体遵循一定的信息伦理与道德准则来规范自身的信息行为与活动的准绳。

（二）提高信息素质的方式

丰富的知识和经验是增强信息意识、提高信息素质的基础和前提。高度的事业心、责任感和明确的奋斗目标是增强信息意识、提高信息素质的主要动因。处处留心是增强信息意识、提高信息素质的主要途径。开展用户培训，学习和掌握信息检索与利用课程及其相关知识是增强信息意识、提高信息素质的重要方法。

第二节　信息检索概述

随着信息爆炸和以计算机技术为核心的信息技术的迅速发展，信息检索的概念与类型都在发生新的变化，掌握信息检索的相关知识是非常必要的。

一、信息检索的概念

信息检索作为一种实践活动由来已久，但作为一个比较规范、正式的学术术语，信息检索这个术语于1950年首次被提出。

广义的信息检索是指将信息按一定的方式组织和存储起来，并根据信息用户的需要找出有关信息的过程。所以，它的全称又叫信息存储与检索，即包括信息的"存"和"取"两个环节。

狭义的信息检索则仅指该过程的后半部分，即从信息集合中找出所需信息的过程，相当于"信息查询"或"信息查找"。

信息检索与文献检索的主要区别在于：文献检索是以获取文献信息作为目的的检索，信息检索则收集、组织、存储一定范畴的信息，并可供用户按需要查询文献中的信息或知识，比文献检索更深入。

二、信息检索的类型

（一）按照存储与检索的对象划分

1. 文献检索

文献检索是将存储于数据库中的关于某一主题文献的线索查找出来的检索。通常是利用目录、索引、文摘等二次文献，以原始文献的出处为检索目的，可以向用户提供有关原文献的信息。

2. 数据检索

数据检索是将经过选择、整理、鉴定的数值、数据存入数据库中，根据需要查出可回答某一问题的数据的检索。

3. 事实检索

事实检索是从原始文献中抽取的关于某一事物（事件、事实）发生的时间、地点和过程等方面的信息的检索。

（二）按照系统中信息的组织方式划分

1. 全文检索

全文检索是指检索系统中存储的整篇文章乃至整本书。检索时，用户可以根据自己的需要从中获取有关的章、段、节、句等信息，并且还可以进行各种频率统计和内容分析。

2. 超文本检索

超文本检索根据信息在系统中的组织方式不同而言。从组织结构上看，超文本的基本组成元素是节点和节点间的逻辑连接链，每个节点中所存储的信息以及信息链被联系在一起，构成相互交叉的信息网络。

3. 超媒体检索

这是对超文本检索的补充。其存储对象超出了文本范畴，融入了静、动态图像以及声音等多种媒体信息。

（三）按照存储的载体和查找的技术手段划分

1. 手工检索

手工检索是用人工方式查找所需信息的检索方式。检索的对象是书本型的检索工具，检索过程是由人脑和手工操作相配合完成，匹配是人脑的思考、比较和选择。

2. 机械检索

机械检索是利用某种机械装置来处理和查找文献的检索方式。可分为：穿孔卡片检索和缩微品检索。

3. 计算机检索

计算机检索是把信息及其检索标识转换成电子计算机可以阅读的二进制编码，存储在磁性载体上，由计算机根据程序进行查找和输出。检索的对象是计算机检索系统，针对数据库进行，检索过程是在人与计算机的协同作用下完成，匹配由机器完成。可分为：脱机检索、联机检索、光盘检索、网络检索。

三、信息检索的一般程序

信息检索的程序是指根据课题的要求，选择相应的信息检索工具或系统，采用适当的途径和技术，查找所需文献的过程。其目的在于让人们以最有效的方法，收集、筛选所需数据，以此提高科学研究能力。信息检索的一般程序分为以下五个步骤。

（一）分析研究课题，明确检索要求

分析课题，是实施检索中最重要的一步，也是检索效率高低的关键。面对一个课题，需要找出它的研究范围，研究其所处的国内外水平及将要达到的目的。在课题分析中，要考虑以下几个问题：找出课题所涉及的主要内容和相关内容，形成主要概念和次要概念，选取主题词；明确课题需要的文献类型，一般有图书、研究报告、学位论文、科技论

文等；确定检索的时间范围，对发展较快的学科应优先查找其最近几年的文献；课题需要的主语种；了解课题对查新、查准、查全诸方面有无具体要求。

（二）制定检索策略

检索策略是指为实现检索目标而制定的全盘计划或方案。一般包括以下几方面：确定回溯年限和查找范围，时间上可以从某年或某个时间段查起，范围可以是国内或国外；选择检索手段，包括手工检索、联机检索、光盘检索和网络检索；选择检索工具或数据库；构造检索表达式，核心在于构造一个既能表达检索课题需求，又能被计算机识别和执行的检索命令表达各检索单元之间的逻辑关系、位置关系等。把检索表达式用检索系统规定的各种组配符连接起来，就能成为计算机可识别和执行的命令形式。

（三）确定检索途径

检索途径即开始查找的入口点。大多数检索工具都能提供几种主要的检索途径，如分类、主题词、著者、机构、刊名、关键词、摘要等。可根据课题需求和已掌握的信息来决定选择何种检索途径，输入检索词。

检索词就是文献加工的标引词，也是我们在文献检索过程中所使用的"钥匙"。它必须在课题分析的基础上，提取出来，尽可能地全部拟出，首先选择与检索意图最为切合的词作为检索词，其次根据检索结果需要进行检索调整，最后按照切合程度修正检索词的选择。

1. 以文献的外部特征为检索途径

（1）题名途径

根据已知的书名、刊名、篇名，按字序排列规则在工具书中查找所需文献的途径。

（2）责任者途径

也称"著者途径"，指以著者姓名为检索点查找文献的途径。关键是要准确书写著者的姓名，包括个人著者和团体著者。

（3）号码途径

按号码顺序查找。如以报告号、专利号、标准号、入藏号查找文献。此种方法常用于专利、科技报告、政府文献等文献的检索。

2. 以文献信息的内容特征为检索途径

（1）分类法途径

这是利用目次表分类索引进行的检索。我们要确定分类类目或分类号，有的课题涉及多学科，应注意从不同类目交叉进行分类。

（2）主题法途径

这是利用主题索引进行的检索，关键是确定主题词。

（3）关键词法途径

这是以题名的关键词为检索入口查找文献的方法。

（四）实施信息检索

在分析课题的基础上选择好检索工具后，即可按照一定的检索途径和检索方法实施检索。检索过程的实施一般可分三步进行。

1. 试查

按已选定的检索工具和方法，抽样或小范围初查一下，若发现问题，可对检索方法做适当修改。

2. 正式查

这是信息检索的主体，主要是利用检索工具进行查找，通常是利用工具的目次、分类表、主题词表、类目索引或检索手册等进行查找，以使检索更为直接、准确。

3. 补查

发现检查结果仍不能满足需求，或发现新的查找线索，可进一步做些补查工作。

之所以要经过试查、正式查、补查三步，是因为在实际检索中，往往一次检索就得到满意结果的情况并不多，当对检索结果不满意时，就需要重新检索，直至满意。

（五）获取原始文献

获取原始文献是信息检索的最后一步，需要注意以下几点。

1. 掌握获取原文的必要信息

①文献类型：要能识别出文献出处的类型；②刊名：要将缩写刊名还原成原称。

2.掌握获取原文的途径

①到本单位或图书情报部门查找，这是获取原文最方便的途径；②掌握国内主要的或对口的图书情报机构的馆藏信息；③从著者处获取原文；④从检索刊物的出版机构获取原文；⑤利用国际联机检索终端向国外订购原文；⑥利用互联网获取原文。

四、信息检索的方法

查找就是实施检索策略、搜寻所得文献信息的过程。以下几种都是常用的方法。

（一）工具法

这是直接利用检索工具检索文献信息的方法，是信息检索中最常用的一种方法。可分为顺查法、逆查法和抽查法。

1.顺查法

以课题研究的起始年代为出发点，利用选定的检索工具，如书目、索引、文摘等由远及近地逐年查找。

2.逆查法

与顺查法相反，是由近及远地查找，起点是从最近发表的文献开始，直到设定终止的年代或查到所需资料为止。

3.抽查法

任何一门学科的专题研究都有研究高峰和低谷，如果在该课题研究的文献发表量大，各种学术观点较为集中的时间段前后查找，则付出较少的时间可获得较为满意的检索结果。

（二）引文法

又名"追溯法"，是查找某一篇文献被哪些文献引用，或者利用文献末尾所附参考文献和注释为线索逐一地追溯查找原始文献的方法。文献之间的引证和被引证关系反映了文献之间存在的某种内在联系，可以组成一条学术链，从一定程度上反映了某一课题研究的轨迹。引文法可分为两种：①由远及近地搜寻，即找到一篇有价值的论文后，进一步查找该论文被哪些其他文献引用过，以便了解其他人对该论文的评价，是否有人对此做进一步研究，研究结果如何，最新的进展怎样，等等；②由近及远地追溯，由一变十，由十变百，不断获取更多相关文献，直到满足需求为止。

（三）循环法

循环法又称为"综合法""交替法"，它是把工具法和引文法结合起来查找文献信息的方法。循环法既要利用检索工具进行常规检索，又要利用文献后所附参考文献进行追溯检索，分期、分段地交替使用这两种方法。

（四）广度优选法

如果不了解查询某一专题信息的 URL（统一资源定位符）地址，可从提供信息总目的 Web 页面开始浏览，沿着专题链接层层查找，直到找到有关的内容为止。然后用"书签"保存这个页面的 URL，转向另一个分支。

五、信息检索的重要意义

在计算机、网络技术日新月异，国际互联网四通八达的今天，人们查找所需文献信息越来越困难。因此，要想从浩如烟海的文献信息中，及时、准确、全面地查找到所需的信息资源，不学习和掌握信息检索的知识和方法是不可能的。信息检索的重要意义主要体现在以下几个方面。

（一）信息检索是掌握必要信息，避免重复劳动的重要手段之一

掌握一定量的必要信息，是进行科学研究不可缺少的前期工作。科学研究具有继承和创造的两重性，要求科研人员在探索未知或从事研究工作之前，应该尽可能地占有与之相关的必要信息，即利用信息检索的方法，有目的、系统地了解国内、国外、前人和他人对你探索或研究的问题做过哪些工作，取得了什么成就，发展动向如何，等等。这样才能做到心中有数，避免重复劳动和零散、片面甚至虚假的信息的干扰，将有限的时间和精力用于创造性的研究中。

（二）信息检索是提高信息利用率，节省时间与费用的有效途径之一

信息无处无时不在，一般来说，公信度高、较准确的信息才会被收

集、组织和存储在检索工具或数据库中，以供检索和利用。有目的地查检检索工具所获得的必要信息比直接泛阅信息要快数十倍。因此，信息检索可以帮助用户在信息的海洋中尽快找到所需信息，节省人力和物力。

（三）信息检索是实施信息素质教育，加速学生成才的方法之一

信息素质既是一种基础素质，又是一种能力素质。通过信息检索知识的系统学习，学生对自身的信息需求将具有良好的自我意识，能意识自身潜在的信息需求，并将其转化成显在的信息需求，进而能充分、正确地表达出对特定信息具有敏感的心理反应。而且具有对信息的查询、获取、分析和应用能力，对信息进行去伪存真、去粗取精，提炼、吸取符合自身需要的信息。因此，信息检索可以使学生增强信息意识，掌握检索技巧，提高信息素质，从而有利于学生专业知识的学习，加速他们成才。

（四）信息检索为人们更新知识、实现终身学习提供途径

在当代社会，人们需要终身学习，不断更新知识，才能适应社会发展的需求。学校教育所赋予人们的知识毕竟有限。人们在走出学校后，在研究实践和生产实践中根据需要，会不断学习新的知识。因此，掌握信息检索的方法与技能，是形成合理知识和更新知识的重要手段之一。

六、信息检索的发展阶段

（一）信息检索理论的发展

信息检索理论的发展历史悠久。20世纪中叶以前，信息的存储、传播主要以纸介质为载体，信息检索活动也围绕文献的获取和控制展开。因此，信息检索研究关注的是如何检索、利用文献中记载的信息，从而导致文献检索成为信息检索的同义词。早期的文献中并没有使用"信息检索"这一概念。当社会信息传播与存储载体呈现多元化时，人们不再拘泥于载体研究信息检索。20世纪六七十年代的著作中基本使用"文献检索"一词，到了20世纪八九十年代，"情报检索"逐渐成为主流。近年来，人们越来越倾向将"文献检索"和"情报检索"统称为"信息检索"这一更具兼容性的概念，以便将各种不同的检索综合起来。

（二）信息检索技术的发展

信息检索技术的发展，可分为六个阶段。

1. 孕育与形成阶段（1945—1950年）

西方工业国家的科技发展使信息检索有了诞生的社会基础。西方国家积累了大量需要处理和利用的科技文献资料，对研究与开发的投入大大增加，计算机问世并被应用于文献检索领域。这些因素成了孕育与催生信息检索的强大力量。

2. 初期发展阶段（1950—1960年）

手工检索开始越来越多地转为计算机检索系统，信息检索已初步形成了研究体系和内容：信息组织、信息存储和检索设备，机器翻译和信息需求。美国人陶伯、肯特、卢恩等相继研究、发展了信息检索技术。

3. 发展壮大阶段（1960—1980年）

信息检索的研究内容、研究方法和手段，系统和网络实体，同其他学科和工程技术的交叉程度都变得更为广泛和复杂。这一时期，信息检索系统与信息用户的需求成为人们研究的主要问题，并逐步形成以兰卡斯特、萨尔顿为代表的信息检索学派。

4. 提高充实阶段（1980—1990年）

随着数据库技术、网络技术和高密度信息存储技术的进一步发展，信息检索的研究范围被扩大。在这一时期，信息检索的研究重点是面向国家和国际联机信息检索系统和网络的设计与开发，光盘检索技术的应用和发展，等等。

5. 世纪末的骚动与对新世纪的憧憬（1990—2000年）

互联网的出现、"信息高速公路"的建设以及网络资源的迅猛发展都给传统的文献信息检索带来技术与资源上的挑战。同时，检索的智能化、数据挖掘以及各类信息咨询、信息调查机构也对信息检索产生了重大的影响。全文本、多媒体等新型检索取得了长足的进步，信息管理专家、计算机专家、信息技术专家等共同加入信息检索系统的研究行列。

6. 新世纪的发展（2000年至今）

目前，信息检索已经发展到网络化和智能化的阶段，信息检索的对象从相对封闭、稳定一致、由独立数据库集中管理的信息内容扩展到开放、动态的互联网内容。信息检索的用户也由原来的情报专业人员扩展到包括商务人员、管理人员、教师、学生等各类专业人士在内的普通大众，他们对信息检索从结果到方式提出了更高、更多样化的要求。适应网络化、智能化以及个性化的需求是目前信息检索技术发展的新趋势。

七、信息检索的发展趋势

科技的迅猛发展加剧了信息时代的发展，促使信息检索不断探索新的发展领域。信息检索技术经过先组式索引检索、穿孔卡片检索、缩微胶卷检索、脱机批处理检索发展到今天的联机检索、光盘检索、网络检索等。现阶段，信息检索的软硬件环境有了很大的改善，检索技术也在人性化、智能化等方面有了全面突破，开始向智能化、可视化、个性化、一站式、集成化等方向迈进。

（一）信息检索的智能化

信息检索智能化是把人工智能与信息检索技术结合起来应用于信息存取领域的成果，它基于自然语言的检索形式，计算机根据用户提供的用自然语言表达的检索要求进行分析，形成检索策略进行搜索。提高信息检索的智能化是信息检索致力于实现的一个重要原则，主要体现在以下三个方面。

1. 检索技术的智能化

为了实现信息检索的智能化，新型检索系统在实践中采用了大量的新型检索技术。例如，语义检索技术能自动抽取能够描述文献内容的概念，用文中的关键词或与之相应的主题词加以标音，用户在系统的辅助下选用合适的词语表达自己的信息需求。

2. 检索结果处理的智能化

人们在进行信息检索时，期望获得高查全率、高查准率。新型检索系统提出了各种基于人工智能和机器学习的方法。例如，根据用户的访问量对结果进行排序，根据一定的条件对搜索结果进行优化、过滤，等等。

3. 检索服务的智能化

在检索服务方面，从预测用户的需求入手，判定用户是在寻找快速的回应，还是要精确的检索结果，并分析查询中隐含的"意义范围"，即词语在不同领域的含义。

（二）信息检索的可视化

信息检索的可视化，是将数据库中不可见的语义关系以图像的形式可视化，并表达用户检索过程。一个可视化的环境能为用户展示更丰富、更直观的信息，一个透明的检索过程会使检索更容易、更有效。可视化信息检索技术缩短了用户理解信息的时间，提供了感觉与思考之间的有效反馈机制，它代表着信息检索的未来。

可视化信息检索包含两个方面：一个是检索过程的可视化，另一个是检索结果的可视化。检索过程的可视化是指用户在检索过程中，各检索对象之间的关系以可视化的形式展现在用户面前，用户顺着可视化的检索画面一步一步地发现检索结果。

（三）信息检索的个性化

信息时代的一大特点就是个性化，不同的人有不同的检索习惯，对检索界面也有不同的要求。由于人们对词义的不同理解及感兴趣的领域不同，不同的用户对相同的检索结果往往会有不同的评价。因此，现代信息存取技术将来也要满足用户个性化的需求。

个性化信息检索的目标在于：用户在表达查询请求时，不需要认知其信息需求的所有内容。系统会根据用户模型将最有价值的信息自动推荐给用户，同时用户不必进行修改便可得到满意的查询结果，系统为用户提供的信息更有针对性，检索结果的文档排序与用户需求一致。这样，用户就不必浪费时间下载、阅读大量的不相关信息了。

（四）信息检索的一站式

如何将多种类型的信息整合到同一界面，让用户通过一次查询，就可满足用户的全部查询要求？这就必须引入一站式信息检索技术，它使得信息用户在搜索时只需输入一次查询目标，即可在同一界面得到各种有关联的查询结果。

一站式信息检索的优势主要体现在：它能够使用户通过一个检索工具满足自己所有的信息检索需求。一站式信息检索将是未来信息检索服务的一种发展模式。一站式信息检索服务是人性化服务的重要体现，它将大量节约用户的检索时间。

（五）信息检索的集成化

信息检索的集成化本着无缝化、集成化、同一界面的检索思想，能实现对数字资源库群的分布式管理及跨平台、跨语种的网络化存取，是对传统信息检索的重要突破。主要体现在以下方面。

1. 跨库检索

跨库检索不仅能实现对同一节点的、不同数据库的同时检索，也能检索分布在不同地域的各种不同的然而又相关的数据库，大大节省用户的检索时间，提高检索效率。

2. 多语种跨语言检索

多语种跨语言检索是指用户用母语提交查询信息，搜索引擎在多种语言的数据库中进行信息检索，返回能够回答用户问题的所有语言的文档。如果再加上机器翻译，返回结果可以用母语显示。

3. 多媒体检索

包括基于描述的多媒体检索和基于内容的多媒体检索。基于描述的多媒体检索就是用一个关键词来描述要查找的图片或音乐。基于内容的多媒体检索就是用一些视觉特征来查找多媒体信息，这些视觉特征包括颜色、形状、纹理等。

4. 分布式信息检索

分布式信息检索综合应用分布式的人工智能、神经网络、智能演算、并行推理、机器学习等技术，根据用户应用需要和存取方便程度来配置信息资源，评估各类资源与用户需求的相关性，选择最好的知识源和数据库集合，分别执行并行检索，最后利用聚类、综合分析与学习等智能处理方法，产生一致的、有效的检索结果。

第三节　作为一门学科的信息检索

随着信息检索工作的产生与发展，信息检索的理论、体系和方法论也逐步丰富起来。这些理论和方法最初只是作为目录学的一个组成部分。近几十年以来，信息检索逐渐与语言学、情报学、信息学相结合，有了自己的研究对象和理论体系，成为一门相对独立的学科。从理论上说，信息检索是一门学科，是获取信息资源、情报知识的学科，它包含的知识内容需要通过专门的教育才能掌握；从方法论看，信息检索是一门实验科学，讲授获取或利用信息的方法，旨在培养学生检索与利用信息的技术和能力。

作为一门学科的信息检索，要想利用有限的课时达到较好的教学效果，就有必要对信息检索主体课程的设计仔细斟酌。信息检索应该包括以下几个方面的研究内容。

一、检索理论研究

检索理论是检索活动中总结出来的系统化的知识，具体包括信息及其有关概念的定义，信息检索的定义与类型，信息检索的程序与方法等内容。当前要多开展信息检索知识体系化、整合化的研究。

二、检索语言研究

研究对象为受控语言和自然语言。研究内容包括关键词、主题词、词表编制、分类表编制、概念分析、规范档、代码标识等。

三、数据库研究

主要是对数据库的建立、存储与维护的研究。数据库是多个互相关联的数据的集合，是信息检索系统必不可少的组成部分。研究内容包括数据库建设规划与协调共享、收录信息与文献筛选、文献标引与描述、文档结构与维护更新、版权及市场、效果评价、数据库跨库检索、检索标准等。目前要加强对异构数据库系统信息资源一体化整合和检索、知识库、数据仓库的研究。

四、著录法研究

著录法是对信息与文献形式特征和内容特征进行分析、选择和记录的方法。研究内容包括国内外著录标准与规则、格式、各种信息与文献著录方法、CNMARC（中国机读目录）、UNI-MARC（通用机器可读编目法）、Dublin Core（都柏林核心技术）元数据、XML（可扩展标记语言）等。目前要重视对电子型文献及网络信息的著录研究。

五、标引和组织法研究

标引是通过对信息资源的分析，选用确切的检索标识反映资源内容的过程。

组织法即排检法，是指按一定次序将标引、标识排列起来的方法。研究内容包括信息资源的阅读、分析、词表的编制与选用、标引规则、中外文排检、类序、失序、地序、谱系序等。

六、检索系统研究

检索系统是由有序化的信息资源、设备、检索方法和策略等组成的集合体。不仅关系到文献或数据存储的广泛、全面，检索的迅速、准确，而且也关系到投资、成本、效益等经济因素。研究内容包括系统分析和设计，硬件设备的选配，检索算法与软件以及系统评价，等等。目前应重点研究计算机检索系统软硬件配置、设计与评价、智能化应用等。

七、检索策略研究

检索策略是在分析信息需求检索提问时确定的检索途径与检索用词，并明确各词之间逻辑关系和查找步骤的安排。正确的检索策略可以优化检索过程，有助于我们取得最佳的检索效果，求得最大的查全率和查准率，并且节约检索时间和费用。研究内容包括用户需求提问分析、检索表达式、检索符号的设置与应用、步骤优化。目前应加强检索策略自动调节、修改的研究。

八、检索服务研究

检索服务是根据用户需求，由专门人员帮助查找信息，并将结果提供给用户的工作。研究内容包括各种服务手段和服务方式的评价、用户培训、检索效果、检索效率等。当前，检索服务的研究重点应该放在加强个性化信息服务上。

九、检索技术研究

检索技术是实现检索策略的方法和手段。检索技术的发展主要体现在两个方面：一是由常规检索向全文检索和基于内容的多媒体等新型检索发展，在深度上能对提问内容进行分析和理解，提高查准率，探索自动抽词、自动索引、自动检索、自动文摘、自动分类、自动翻译等解决方案；二是信息检索的网络化和分布化，视频、音频、图形、图像信息成为网上重要资源和检索对象，基于概念的检索、基于内容的检索与超文本网络检索等都是检索技术的研究内容。

【复习思考题】

1. 比较信息、信息意识与信息素质概念的异同。

2. 如何理解信息检索的含义，它划分为哪几种主要类型？

3. 实施信息检索一般需要哪些步骤？

4. 制定检索策略时需要考虑哪些问题？

5. 信息检索的方法主要有哪些？

6. 谈谈信息检索的重要意义，它有哪些发展趋势？

7. 结合本人专业实际，简述信息检索作为一门学科还应该包括哪些研究内容。

第二章　计算机信息检索的基础理论

【内容概要】

计算机信息检索经历了脱机批处理检索、联机检索、光盘检索及网络化联机检索等阶段，利用计算机进行信息检索已成为人们获取文献信息的重要手段。本章第一节概述了计算机信息检索的含义、类型和历史发展概况；第二节介绍了计算机信息检索系统的构成与检索原理；第三节详细介绍了计算机信息检索的技术与策略。

【要点提示】

● 计算机信息检索的含义、类型与发展简史
● 计算机信息检索系统的组成及其检索原理
● 计算机检索的基本方法与检索策略

第一节　计算机信息检索概述

一、计算机信息检索的含义

计算机信息检索是指人们在计算机或计算机检索网络的终端机上，使用特定的检索指令、检索词与检索策略，从计算机信息检索系统的数据库中检索出需要的信息，再由终端设备显示或打印的过程。也有人将计算机信息检索广义地定义为为计算机存储和检索信息的过程。

二、计算机信息检索的类型

（一）根据信息的服务方式分类

1. 回溯检索

根据用户的需求，从现在追溯到过去的某个时间点，追溯、查找过去的信息。进行回溯检索，不仅可以回溯检索到数据库储存年限范围内的某一段时间内或某一特定时间内的相关信息，也可以查找最新的信息，能适应多数用户的查询需求。

2. 定题检索

定题检索是指根据用户检索课题的内容，定期地从新到资料数据库中为特定用户提问进行计算机情报检索的服务方法。

3. 联机订购

一般联机检索到的信息都是文献的题录、索引、文摘等二次文献，如果需要看原始文献有无馆藏，可以通过终端向有关系统订购原始文献的复制件或原始文献的缩微胶卷或胶片。

（二）根据检索数据的形式分类

1. 书目检索

书目检索是指查出某一主题的文献条目，其检索结果多以二次文献的形式出现。主要包括题录检索、文摘检索、图书与期刊等目录检索。

2. 数据检索

数据检索是指利用相关的检索系统查询有关数据，以获得某一问题的量化的准确数值，包括统计数据和科学数据等。

3. 事实检索

事实检索是指在计算机检索系统中查询有关事件或实在情报，以求得对某一问题的解答。

4. 全文检索

全文检索是指利用原始文献建库进行的检索，其检索结果多以一次文献的形式出现。

（三）根据检索系统的工作方式分类

1. 联机检索

这是检索者通过检索终端和通信线路，直接查询检索系统数据库的机检方式。一个联机信息检索系统，通常由检索服务机构、远程通信系统和终端组成。

2. 光盘检索

这是以光盘数据库为基础的一种独立的计算机检索，包括单机光盘检索和光盘网络检索两种类型。光盘检索系统由微机、驱动器及连接设备、CD-ROM数据库及其检索软件构成。

3. 网络检索

这是利用E-mail（电子邮件）、FTP（野外终点站平台）、Telnet（远程登录服务）、www（网络客户端）等检索工具，在互联网等网络上进行信息存取的行为，目前使用比较多的是搜索引擎。

三、计算机信息检索的发展历史

计算机信息检索是计算机技术、通信技术、数据传输技术不断发展的产物。计算机检索以其检索效率高、检索效果好在信息检索中得到了广泛的应用。

（一）国外计算机信息检索发展概况

20世纪50年代，国外开始了计算机在信息管理中应用的研究。近年来，随着现代计算机技术、通信技术和存储技术的发展，计算机信息检索大体经历了脱机批处理检索、联机检索、光盘检索及网络化联机检索的阶段。

1. 脱机批处理检索阶段

20世纪50年代是脱机检索的试验阶段，其特征是检索时利用计算机做批处理。当时的计算机没有终端设备，输入数据、命令均用穿孔卡片或纸带，存储介质主要是磁带，检索采用顺序检索技术。受这些客观条件限制，在这一时期，主要是利用计算机进行现刊文献的定题检索和回溯性检索。当时的信息检索是脱机批处理检索，即由用户向计算机操作人员提问，操作人员对提问内容进行主题分析、标引、编写提问式，输入计算机，建立用户提问档，按照提问档定期对新到的文献进行批量检索，并将结果及时通知用户。这样的检索方式，用户不与检索系统直接联系，只需要把检索要求送往检索中心，由检索人员在计算机主机旁进行文献检索即可。1954年，美国海军军械试验站图书馆利用IBM-701电子计算机建立了世界上第一个计算机情报检索系统。

2. 联机检索阶段

早在20世纪60年代初就有了联机检索的研究和试验。1962年，美国麻省理工学院进行了世界上最早的联机信息检索实验。而20世纪60至80年代是联机检索实验和实用化阶段。1965年以后，第三代集成电路计算机进入实用化阶段，存储介质发展为磁盘和磁盘机，存储容量大幅增加，数据库管理和通信技术都有了深入发展，信息检索从脱机阶段进入联机信息检索时期。1965年，系统发展公司进行了首次全国性的联机检索表演。1967年以后，许多联机检索系统相继出现。第一个大规模联机检索系统是1969年全面投入运行的NASA（美国国家航空航天局）的RE-CON系统。1970年，美国洛克西德公司的DIALOG系统和系统发展公司的ORBIT系统相继建成，美国MEDLARS也于1970年开发了联机检索系统MEDLINE。

3. 光盘检索阶段

20世纪80年代以来，一种新型信息载体——激光光盘在信息检索系统中得到越来越广泛的应用。特别是自1985年第一张商品化的CD-ROM数据库Bibliofile推出以来，大量以CD-ROM为载体的数据库和电子出版物不断涌现，从而使得光盘检索以其操作方便，不受通信线路的影响等特点异军突起，得到快速发展，大有与联机检索平分秋色之势。早期的光盘检索系统是单机驱动器和单用户，为解决多用户同时检索的要求和同一数据库多张光盘同时检索的要求，出现了复合式驱动器、自动换盘机及光盘网络技术。

4. 网络化联机检索阶段

网络的普及为检索技术的发展提供了广阔的发展空间。进入20世纪80年代，随着TCP/IP通信协议的普遍采用，以及美国国家科学基金会的介入，计算机检索发展成了今天的互联网。在互联网网络检索的冲击下，传统的联机检索业纷纷采取措施，改进自己的信息系统与服务方式，在新的环境中寻求新的增长点，以获得新的发展。由于互联网的广泛性、方便性等特征，许多联机系统纷纷上网，把自己的系统安装在互联网的服务器上，成为互联网的一个有机组成部分。如DIALOG、ORBIT等世界著名的联机系统都建立了自己的万维网服务器，将其服务对象从原来的有限用户扩大到世界各地。同时，以搜索引擎为核心的网上搜索技术也日益发展，成为网络时代最具普遍意义的信息检索形式。互联网集成了多种信息检索方式，已成为用户进行信息检索的一个广阔平台。

（二）我国计算机信息检索发展概况

我国开展计算机检索的研究始于20世纪70年代中期。1975年，我国首次引进国外文献数据库，进行计算机检索的试验。1980年年初，由中国建筑技术发展中心等单位在我国驻香港的建筑工程公司建立了我国第一台国际联机信息检索终端，通过香港大东电报局与美国的DIALOG和ORBIT系统联机。1981年年底，北方科技信息研究所在北京与美国DIA-LOG系统直接联机。1982年9月，我国的冶金部、石油部、化工部等部委信息所也实现了与DIALOG和ORBIT系统的直接联机。1983年10月，中国科学技术信息研究所通过罗马远程数据通信线路与欧洲空间组织的ESA-IRS系统、美国的DIALOG和ORBIT系统直接联机。随后，华东工学院、上海交通大学等高校也纷纷建立了自己的国际联机检索终端。与此同时，我国的计算机信息检索系统和数据库的建设也取得了可喜的成绩。1978年，中国科学技术情报研究所开始试建文献数据库和检索服务系统，初步实现了建库、编辑、排版和定题检索服务功能。1983年，我国内地第一个国际联机检索服务站开通。目前，重庆维普资讯有限公司的"中文科技期刊数据库"，中国知网的"中国期刊全文数据库"，万方数据资源系统的"数字化期刊"是国内几个最具影响力的中文期刊全文数据库。近年来，我国的通信事业有了很大的发展。目前，我们已经能够很方便地通过各种网络链接到互联网，进行信息交流与检索，从而使我国的计算机信息检索进入了一个新的发展时期。

第二节　计算机信息检索系统的构成与检索原理

一、计算机信息检索系统的构成

（一）计算机信息检索系统的物理构成

从物理角度考虑，计算机信息检索系统主要由计算机、通信网络、检索终端和数据库组成。

1. 计算机

计算机是检索系统的核心部分，在检索过程中需要处理大量的指令和数据，一般要求计算机必须有相当快的运算速度和相当强的处理能力，并且具有相当大的存储能力。

2. 通信网络

通信网络是联系检索终端与计算机的桥梁，其作用是确保信息传递的畅通。

3. 检索终端

检索终端是用户与检索系统传递信息、进行"人机对话"的装置，有电传终端、数传终端和微机终端等。

4. 数据库

数据库是一系列信息记录的集合，是检索系统中的信息源，它存储在计算机的磁带、磁盘或光盘上，借助于数据库的管理软件技术和检索系统，对于不同的信息需求，数据库可以随时按照不同的目的提供各种组合的信息，以满足检索者的需要。

（二）计算机信息检索系统的逻辑构成

计算机信息检索系统的逻辑构成主要指它所包括的功能模块或子系

统及其相互关系。在计算机信息检索系统发展的不同时期，其逻辑构成不尽相同，但纵观其发展的各阶段，可以发现一个完整的信息检索系统通常必备以下四个功能模块。

1. 信息采集子系统

信息采集子系统功能模块的任务是根据系统的经营方针和服务对象的需要，以快速、经济的手段，广泛地、连续不断地采集各种信息源，为系统提供充足而实用的数据来源。

2. 标引子系统

标引是指根据一定的规则和程序，对文献内容进行分析，然后赋予每篇文献以一定数量的内容标识，作为存储与检索的依据。这是分析、提示文献主题特征，并使之显性化的过程。其作用是为信息存储与检索这两环节之间提供某种连接物，为特定的提问提供快速、准确的检索途径。

3. 建库子系统

建库子系统的实质是将子系统所采集的无序信息进行有序化组织的过程。它的任务是对所采集的信息进行组织，建立并维护可直接用于计算机检索的数据库。主要功能包括数据评价与转换、数据录入、数据库的维护与更新。

4. 用户接口子系统

用户接口子系统承担用户与系统之间的通信功能，是二者之间实现通信不可缺少的连接系统。它决定了用户的操作方式和系统的显示方式。用户接口子系统负责处理用户输入的检索词或提问词，并将它们与数据库中存储的数据进行比较运算，最后将检出结果以一定的形式输出。

二、计算机信息检索的原理

20世纪90年代以来，以互联网为核心连接起来的全球计算机网络，使传统的相对集中和规范的文献数据库及其检索系统面临挑战。在网络环境下，传统计算机检索的"提问—检索"模式已逐步被"浏览—查询"模式取代。目前为止，我们常利用的文献数据库还是采用计算机检索的"提问—检索"模式，因此，我们还是介绍传统的计算机信息检索原理。

匹配和选择是一种机制，它负责把需求集合与信息集合进行相似性比较，然后根据一定的标准选出符合需要的信息。要想进行有效的匹配和选择，首先必须对大量的信息进行搜集和加工处理，使之从无序到有序，使每个信息获得特征性描述，让原来隐含的、不易识别的特征显性化。同时，对用户提出的信息需求也要做类似的加工处理，即分析需求的内容，提取出主题概念和其他属性，并利用与信息集合相同的标识系统来表示需求中包含的概念和属性。而信息检索过程中要存储大量的数据，要对这些数据进行各种组合，进行大量的排序和对比操作。为了提高信息处理的速度和准确性，人们将计算机应用到信息检索中，计算机信息检索中检索的本质没有变，但信息的表示方式、存储结构和匹配方法变化了。要用计算机可以识别的代码来表示信息，以便于计算机快速存取的方式存储信息。匹配的方法亦由人工比较变为机械匹配，匹配标准由隐式变为显式。在这种机械匹配的过程中，原先表达概念的符号变为没有内涵的字符串。检索过程就是字符串匹配和逻辑运算的过程。若二者一致或部分一致，并符合给定的逻辑运算条件即为命中，然后将命中的结果输出给用户。因此，计算机信息检索的实质就是由计算机将输入的检索策略与系统中存储的文献的特征标识及其逻辑组配关系进行类比、匹配的过程。即计算机信息检索的原理是，计算机一方面接受检索提问，另一方面从数据库中接受文献记录，然后在两者之间进行匹配运算，即将检索提问与数据库中文献记录标识进行比较，如果比较结果一致，那么这篇文献可能是需要的；如果比较结果不一致，则这篇文献就是不符合检索要求的，不是用户所需要的。

第三节 计算机信息检索的技术与策略

一、计算机信息检索的技术

计算机信息检索的技术主要有以下几种。

（一）布尔逻辑检索

布尔逻辑检索是一种比较成熟、较为流行的检索技术，逻辑检索的基础是逻辑运算，绝大部分计算机信息检索系统都支持布尔逻辑检索。

主要的布尔逻辑运算符有以下几种。

1. 逻辑"与"

逻辑"与"用AND（或*）表示。检索词A、B若用逻辑"与"相连，即A AND B（A*B），则表示同时含有这两个检索词才能被命中。

例如，要检索"计算机系统"的文献，检索逻辑词可表示为：computer AND system（计算机和系统）。

2. 逻辑"或"

逻辑"或"用OR（或+）表示。检索词A、B若用逻辑"或"相连，即A OR B（A+B），则表示只要含有其中一个检索词或同时含有这两个检索词的文献都将被命中。

例如，要检索"计算机"或"机器人"方面的文献，检索逻辑式可表示为：computer OR robot（计算机或机器人）。

3. 逻辑"非"

逻辑"非"用NOT（AND NOT，BUT NOT）（或－）表示。检索词A、B若用逻辑"非"相连，即A NOT B（A－B），则表示被检索文献在含有检索词A而不含有检索词B时才能被命中。

例如，要检索有关"能源"方面的文献，但涉及"核能"方面的文献不要，检索逻辑式可表示为：energy NOT nuclear（能源不包含核能），或者energy－nuclear（能源－核能）。

布尔逻辑运算符的运算次序为：逻辑"非"—逻辑"与"—逻辑"或"；若有括号，则括号优先。大多数网络信息检索工具都支持布尔逻辑运算，但各自采用的表现形式不尽相同：有的用AND、OR、NOT（有的工具要求用大写，有的要求用小写，有的则大、小写均可），有的以符号*、＋、－代替，有的可支持"&""!"等符号操作，有的直接把布尔逻辑运算符隐含在菜单中，如Google（谷歌）的默认运算符是布尔逻辑"与"。

（二）邻近检索

邻近检索又称"词位置检索"。主要是通过检索式中的专门符号来规定检索词在结果中的相对位置。目前广泛使用的是相邻位置算符（nW）、（nN）及句子位置算符（S）、字段算符（F）。（nW）表示在此算符两侧的检索词之间允许插入n个实词或虚词，两个检索词的词序不许颠倒；（nN）表示两个词位置可以颠倒，两个词之间插入词的最多数目为 n 个；（F）表示在此运算符两侧的检索词必须同时出现在文献记录的同一字段内，如出现在篇名字段、文摘字段、叙词字段等，但两个词的前后顺序不限，夹在两个词之间的词的个数也不限。

例如，如果检索式为"文献（2W）检索"，则"文献信息检索""文献资源检索"均为命中文献；如果检索式为"文献（W）检索"，则"文献信息检索""文献资源检索"均不能被命中。

临近检索对提高检索的查准率和查全率有重要作用，但网络检索中基本只支持（W）和（N）检索式。

（三）截词检索

截词检索是一种常见的检索技术，被广泛应用于西文检索工具中。所谓截词检索是指在检索式中用专门的符号表示检索词的某一部分允许有一定的词形变化。所以，检索词的不变部分加上由截词符号所代表的任何变化形式所构成的词汇都是合法的检索词，结果中只要包含其中任何一个就满足检索要求。截词检索的类型有以下三种。

1. 右截词

右截词又称"后截词""前方一致"，允许检索词尾部有若干变化形式。例如，检索式"comput?"将检出包含 computer、computing、comput-erized 等词汇的结果。

2. 中间截词

中间截词允许检索词中间有若干变化形式。例如，检索式"wom?n"，可同时检索到含有 woman 和 women 的结果。

3. 左截词

左截词又称"前截词""后方一致"，允许检索词的前端有若干变化形式。例如，检索"*ology"，可检索出 biology、geology、physiology 等所有的以 ology 结尾的单词及其构成的短语。

截词检索可以提高检索的查全率，但在现有的计算机检索系统中，没有对截词符号制定统一标准，用户在多个检索系统内进行操作时需要注意该系统的规定。

（四）加权检索

加权检索的侧重点不在于判定检索词或字符串是否在数据库中存在、与别的检索词或字符串是什么关系，而在于判定检索词或字符串在满足检索逻辑后对文献命中与否的影响程度。加权检索是对每一个检索词给定一个数值表示其重要性程度，称为"权值"。在检索中，先查找这些检索词在数据库中是否存在，对存在的检索词计算它们的权值总和。只有当数据库记录的权值之和达到或超过预先给定的值时，该记录才算命中。

例如，用加权表达式来表示查找"中国高等教育的发展趋势"的信息需求，可以写为：中国（5）高等教育（5）发展趋势（5），阈值W=15。括号内的数字5即是权值。具体检索时，将同一条记录内包含并且匹配这三个检索词的权值相加，超过阈值15时，就作为命中文献输出。逻辑上还是"与"的关系。如《论中国高等教育的发展趋势》这篇文献，各检索词权值相加是15（中国5，高等教育5，发展趋势5），就是命中文献之意。而《中国高等教育的现状》，检索词权值相加为10（中国5，高等教育5），小于阈值15，即为非命中文献。

（五）括号检索

括号用于改变运算的先后词序，括号内的运算优先进行。

（六）短语检索

短语用""表示，检索出与""内形式完全相同的短语，以提高检索的精度和准确度，因而也有人称之为"精确检索"。

（七）自然语言检索

直接采用自然语言中的字、词、句进行提问式检索，同一般口语一样。如"国庆节是哪一天"这种基于自然语言的检索方式又被称为"智能检索"，特别适合不太熟悉计算机信息检索技术的用户使用。

（八）多语种检索

提供多种语言的检索环境供用户选择，系统按用户选定的语种进行检索并反馈结果。

（九）模糊检索

模糊检索又称"概念检索"，是指使用某一检索词进行检索时，能同时对该词的同义词、近义词、上位词、下位词进行检索，以达到扩大检索范围、避免漏检的目的。例如，输入"计算机"一词进行检索时，检索结果不仅包括"计算机"的内容，还包含"电脑""笔记本""台式机"等与"计算机"含义相近或相关的记录。

（十）区分大小写的检索

对于具有区分大小写检索功能的工具而言，如果用户输入的检索式用小写字母表示，搜索工具既匹配大写又匹配小写，如输入"china"，将检索出 china（瓷器）、China（中国）；但如果用大写字母表示，搜索工具认为用户指定了只要大写，就只会查找那些与用户输入的形式完全相同的结果，如输入"China"，则只会检索出 China（中国）。极少数搜索引擎支持区分大小写的检索。

其他的检索方法还有：音形一致的检索、词根检索等。在实际检索中，往往将上述多种检索方法综合使用。

二、计算机信息检索的策略

（一）计算机信息检索策略的含义和作用

实际上，计算机信息检索的过程就是制定检索策略的过程。所谓检索策略就是为实现检索目标而制定的计划和方案，是对整个检索过程的谋划和指导。换言之，它是对信息检索过程的安排。

检索策略的好坏，直接影响着检索效果。制定检索策略一般应对所检课题的专业内容有一定了解，熟悉检索系统的特点，并掌握基本的检索技巧与方法。一个好的检索策略，既可以优化检索过程，节省检索时间和费用，又可以获得最佳的查全率和查准率。

（二）计算机信息检索策略的制定步骤

1. 分析信息需求，明确检索要求

这是人们进行信息检索的出发点，不同类型的检索课题，信息需求的范围和程度不尽相同。操作中应尽可能掌握检索课题的研究背景，了解检索课题所属的学科领域、学术发展史和现状，以便于选择正确的检索标识和检索范围。

2. 选择检索系统

在计算机检索中主要是利用数据库（包括搜索引擎），依据对信息需求的分析，选择与检索课题相符、收录信息质量较高、检索功能比较完善的信息检索系统。

3. 选择检索途径和检索方法，确定检索词或检索式

检索系统选定后，要对检索途径和方法做出判别和选择。大部分数据库可以提供篇名、作者、主题词、关键词等检索途径，而且还能利用各种途径的组配进行交叉检索。检索词的确定是建立在检索课题概念分析的基础上的，有时，检索课题会包含较复杂的主题内容，所以，要明确组成课题内容的直接概念和相关概念，通过一定的逻辑组配和其他方式形成一定的复合概念或概念关系来表达用户的信息需求。

4. 处理检索结果

根据检索结果的实际情况，可以调整检索词、检索式、检索途径和检索方法等，也可以充分利用信息检索系统提供的缩检和扩检功能，完善检索结果，直至达到满意的效果。实施检索之后，将所获得的检索结果加以系统整理，筛选出符合课题要求的相关文献信息，选择检索结果的著录格式，辨认文献的类型、文种、著者、篇名、内容、出处等项记录内容，输出检索结果。

5. 获取原始文献

使用的信息检索系统类型不同，原始文献的获取方式也不尽相同。比如，利用图书馆公共联机目录查询系统，可以了解图书的基本信息，以借阅或复制的方式获取原始信息；利用联机信息系统，可以用联机传递或脱机邮寄方式获取原始信息；利用有关全文数据库，可以直接打印或下载原始信息；利用网络搜索引擎，除一些收费的信息不可直接得到外，搜索引擎的检索结果大部分都可以在网上直接获取。

【复习思考题】

1. 什么是计算机信息检索？
2. 简述计算机信息检索的类型。
3. 概述计算机信息检索的发展历史。
4. 简述计算机信息检索的物理构成及逻辑构成。
5. 简述计算机信息检索的原理。
6. 简述计算机信息检索的基本方法。
7. 简述计算机信息检索的含义和作用。
8. 简述计算机信息检索策略的制定步骤。

第三章　国内主要计算机信息检索系统

【内容概要】

国内的学术资源数据库按照其收录的文献类型不同，可以分为：图书类数据库、期刊类数据库、会议类数据库、学位论文类数据库、标准类数据库等。同时，有一些综合型检索平台，收录多种类型的资源。相对来说，获取国内学术资源比获取国外学术资源要便捷，国内的很多数据库都提供文献的电子版本的全文。因此，了解这部分资源是十分必要的。本章主要介绍国内常用的计算机信息检索系统：中国知网、万方数据知识服务平台、维普资讯和中国高等教育文献保障系统的资源内容和检索特点。同时，介绍超星电子图书数据库的资源和阅读方式。

【要点提示】

● 中国知网总库资源结构
● 中国知网检索平台的检索方式、检索结果处理及个性化服务
● 万方数据知识服务平台的资源介绍及特点
● 维普资讯的资源介绍及特点
● 中国高等教育文献保障系统的资源介绍
● 超星电子图书数据库的资源介绍及阅读方式

第一节 综合性文献数据库

综合性文献数据库包括了多种专题和文献类型，可满足较多专业、部门和行业的应用需求。数据库的数据内容要求相对较广泛，涉及自然科学与人文、社会科学中的各学科专业，有着明显的综合特点。

一、中国知网

（一）概述

中国知网是一个综合性的全文文献数据库。CNKI是中国知识基础设施工程（China National Knowledge Infrastructure）的英文简称，是由清华同方光盘股份有限公司、《中国学术期刊（光盘版）》电子杂志社、清华大学光盘国家工程研究中心、清华同方光盘电子出版社等单位联合承担建设的。1995年8月开始立项建设。1998年9月，《中国学术期刊题录摘要网络数据库》通过CNRNET上网试运行。1999年6月，中国期刊网正式开通，同时，中国知网工程规划启动。经过这些年的发展，中国知识资源总库已经是集知识资源大规模整合出版，原创性、学术性文献出版，多媒体出版和专业化、个性化数字图书馆为一体的数字出版平台。中国知网以网络出版和数字图书馆相结合的巨大优势，实现了知识资源的增值服务和学术文献的个性化与专业化实时出版。

2008年9月，中国知网全面升级，首次提出了总库资源超市的概念。数字出版物超市集成整合了各类型数据资源，形成了面向用户不同需求的十大文献出版总库，建设总库资源超市的意义在于为数字资源出版商提供展示、出版、整合资源的平台，为各类用户、研究机构及行业机构提供订阅资源、情报服务的平台。

2015年11月，中国知网总库KNS6.6新平台上线，新平台的首页检索界面更加简洁明了，并且在下方为读者呈现了新平台的主要特色功能：计量可视化分析、文献导出、指数检索、知网节。检索界面细节进一步优化，检索功能进一步拓展，检索智能匹配更加精确，除了针对检索结果常规的信息，比如文献来源、关键词等，还新增了检索文献的类型分类、相关检索结果的资源推荐、相关好文献的推荐等功能。

（二）总库资源结构

下面简单介绍中国知网的产品概况。

1. 源数据库

期刊：中国学术期刊（网络版）、中国学术辑刊全文数据库、世纪期刊、商业评论数据库、中国学术期刊（网络版）_特刊

学位论文：中国博士学位论文全文数据库、中国优秀硕士学位论文全文数据库

报纸：中国重要报纸全文数据库

会议：中国重要会议论文全文数据库、国际会议论文全文数据库

2. 特色数据库

中国年鉴网络出版总库

中国经济社会发展统计数据库

中国经济信息文献数据库

中国法律知识资源总库法律法规库

中国科技项目创新成果鉴定意见数据库（知网版）

工具书：中国工具书网络出版总库、汉语大词典&康熙字典（知网版）、商务印书馆·精品工具书数据库、智叟助教辅学平台（新）、中国工具书网络出版总库（中小学版）、中国工具书网络出版总库（少儿版）、公元集成教学图片数据库、建筑工程造价预算与规范数据库、"文革"期间中草药实用手册全文数据库、中国规范术语：全国科学技术名词审定委员会公布名词（免费）

专利：中国专利全文数据库（知网版）、海外专利摘要数据库（知网版）

标准：国家标准全文数据库、国内外标准题录数据库、中国行业标准全文数据库

古籍（国学宝典）

cnki学术图片知识库

cnki外观专利检索分析系统

职业教育特色资源总库：国家职业标准、职业技能视频、职业技能图书、多媒体课件、多媒体素材

3. 行业知识库

医药：人民军医知识库、人民军医出版社图书数据库

农业："三新农"图书库、"三新农"视频库、"三新农"期刊库、现代农业产业技术一万个为什么、科普挂图资源库

教育：中国高等教育期刊文献总库、中国基础教育文献资源总库

城建：中国城市规划知识仓库、中国建筑知识仓库

法律：中国法律知识资源总库、中国政报公报期刊文献总库

党和国家大事：中国党建期刊文献总库、党政领导决策参考信息库

4. 国外资源

EBSCO ASRD – 学术研发情报分析库、EBSCO BSC – 全球产业（企业）案例分析库、EBSCO EPS – 国际能源情报分析库、EBSCO MGC – 军事政治情报分析库、DynaMed – 循证医学数据库、Springer 期刊数据库、Taylor & Francis 期刊数据库、Wiley（期刊/图书）、Emerald 期刊、IOS 期刊数据库（知网版）、ProQuest 期刊、PubMed 期刊、IOP 期刊、美国数学学会期刊、英国皇家学会期刊、汉斯期刊、剑桥大学出版社期刊、Frontiers 系列期刊数据库、Academy 期刊、Annual Reviews 期刊、Bentham 期刊、伯克利电子期刊、Earthscan 期刊、Hart 出版社期刊。

5. 作品欣赏

中国精品文化期刊文献库

中国精品文艺作品期刊文献库

中国精品科普期刊文献库

6. 指标索引

全国专家学者

机构

指数

概念知识元数据库

中国引文数据库

CNKI 翻译助手

（三）《中国学术期刊（网络版）》简介

源数据库（source databases）是指能直接提供原始资料或具体数据的自足性数据库，用户不必再查阅其他信息源。可包括数值数据库，文本–

数值数据库，全文数据库，术语数据库，图像数据库，音视频数据库等等。中国知网包括了各种文献类型的源数据库。以下我们简单介绍今后经常要用到的源数据库。

1. 中国学术期刊（网络版）

《中国学术期刊（网络版）》是世界上最大的连续动态更新的中国学术期刊全文数据库，是"十一五"国家重大网络出版工程的子项目，是《国家"十一五"时期文化发展规划纲要》中国家"知识资源数据库"出版工程的重要组成部分，以学术、技术、政策指导、高等科普及教育类期刊为主，内容覆盖自然科学、工程技术、农业、哲学、医学、人文社会科学等各个领域。收录国内学术期刊8 188种，全文文献总量46 623 691篇。

2. 中国学术辑刊全文数据库

辑刊是指由学术机构定期或不定期出版的成套论文集。《中国学术辑刊全文数据库》是目前国内唯一的学术辑刊全文数据库。辑刊的编辑单位多为高等院校和科研院所。编者的学术素养高，论文质量好，专业特色强。辑刊具有较强的学术辐射力和带动效应。《中国学术辑刊全文数据库》共收录国内出版的重要学术辑刊643种，累积文献总量209 719篇。

3. 中国博士学位论文全文数据库

《中国博士学位论文全文数据库》是国家新闻出版总署（现为国家新闻出版广电总局，下同）批准创办的我国唯一专门出版全国博士学位论文的数据库电子期刊，是目前国内相关资源中最完备、高质量、连续动态更新的博士学位论文全文数据库。收集了1984年至今的全国428家博士培养单位的博士学位论文。目前，累积出版的博士学位论文全文文献已有29万余篇，大多数论文出版不晚于授予学位之后2个月。

4. 中国优秀硕士学位论文全文数据库

《中国优秀硕士学位论文全文数据库》是国家新闻出版总署批准创办的我国唯一专门出版全国硕士学位论文的数据库电子期刊，是目前国内相关资源最完备、高质量、连续动态更新的硕士学位论文全文数据库。收集了1984年至今的全国701家硕士培养单位的优秀硕士学位论文。累积出版硕士学位论文全文文献260万余篇。

5. 中国重要会议论文全文数据库

《中国重要会议论文全文数据库》收录了国内重要会议主办单位或论文汇编单位书面授权，投稿到中国知网进行数字出版的会议论文，是

《中国学术期刊（光盘版）》电子杂志社编辑出版的国家级连续电子出版物，重点收录我国1999年以来，在中国科协、社科联系统及省级以上的学会、协会，高校、科研机构，政府机关等举办的重要会议上发表的文献。目前，已收录出版16 774次国内重要会议投稿的论文，累积文献总量2 067 353篇。

6. 中国重要报纸全文数据库

《中国重要报纸全文数据库》收录了2000年以来中国国内重要报纸刊载的学术性、资料性文献的连续动态更新的数据库。至2012年10月，累积出版报纸全文文献1 000万余篇。文献来源于国内公开发行的500多种重要报纸。

7. 国际会议论文全文数据库

《国际会议论文全文数据库》是由国内外会议主办单位或论文汇编单位书面授权并推荐出版的重要国际会议论文数据库，是由《中国学术期刊（光盘版）》电子杂志社编辑出版的国家级连续电子出版物专辑。重点收录1999年以来，中国科协系统及其他重要会议主办单位举办的在国内召开的国际会议上发表的文献，部分重点会议文献回溯至1981年。目前，已收录出版国际学术会议论文集6 311本，累积文献总量667 230篇。

（四）信息检索平台

通过网址http：//www.cnki.net/即可进入中国知网的检索平台。有三种进入系统的方式。①个人用户的账号登录：输入正确的账号和密码。②包库用户：通过本单位图书馆电子资源的超链接直接进入已购买的数据库资源。③访客：非正式用户，不需登录，可直接单击某个数据库的超链接进入该数据库。访客只能检索、浏览、下载文献题录，不能查看和下载文章的全文。

我们以《中国学术期刊（网络版）》为例介绍检索平台的各项功能，其检索主页面如图3-1所示。

1. 检索方式

（1）简单检索

提供了类似搜索引擎的检索方式，用户只需要输入所要找的关键词，点击"检索"就可查到相关的文献。

图3-1　中国知网文献检索页面

（2）高级检索

检索平台按照用户的检索习惯及检索的一般规律，对用户的检索过程进行了规范，称为三步骤检索法。第一步，输入检索范围控制条件，包括发表时间、文献出版来源、国家及各级科研项目、作者、作者单位等控制项，对检索目标、范围和结果进行控制，对文献进行初步筛选。这里主要是对文献的形式特征进行控制。第二步，输入目标文献内容特征，检索字段有篇名、主题、关键词等。检索页面提供了一项双词逻辑组合检索，双词是指一个检索项中可以同时输入两个检索词（在两个输入框中输入），两个词之间可根据其逻辑关系进行组合，即"并含""或含""不含"等，每一个检索项中的两个词分别使用词频、扩展进行控制。用户需要增加或减少检索项，可以通过"+"或"-"来完成，检索项之间使用逻辑与、逻辑或、逻辑非进行组配。通过检索得出初次检索结果。该步是对文献的内容特征进行控制。第三步，对检索结果进行分组分析和排序分析，反复筛选、修正检索式得到最终结果。三步骤检索高级检索方法不仅使新用户可以直观地学习检索的整个流程，也为检索高手进一步提高检索能力，提高信息素养创造了空间，真正使检索变为一门可学习的技能。请参见图3-2。

图3-2　中国知网文献高级检索页面（部分）

（3）专业检索

专业检索用于图书情报专业人员查新、信息分析等工作，使用逻辑运算符和关键词构造检索式进行检索。如何构造专业检索式，在该页面上有详细的使用说明，如图3-3所示。

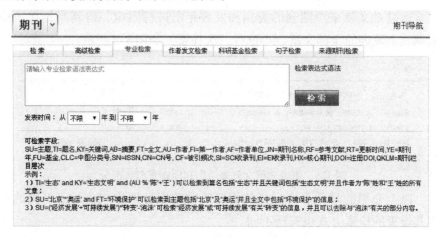

图3-3　中国知网文献专业检索页面（部分）

（4）作者发文检索

作者发文检索是通过作者姓名、单位等信息，查找作者发表的全部文献及被引、下载等情况。通过作者发文检索不仅能找到某一作者发表的文献，还可以通过对结果的分组筛选情况全方位了解作者的主要研究领域，研究成果等情况。如图3-4所示。

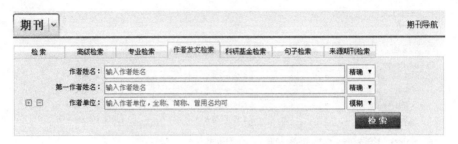

图3-4 中国知网文献作者发文检索页面（部分）

（5）科研基金检索

通过科研基金名称，查找科研基金资助的文献。通过对检索结果的分组筛选，可全面了解科研基金资助学科范围，科研主题领域等信息。

（6）句子检索

通过用户输入的两个关键词，查找同时包含这两个词的句子。由于句子中包含了大量的事实信息，通过检索句子可以为用户提供有关事实的问题的答案。

（7）来源期刊检索

通过对文献来源期刊的类别和发表年限进行限定，得到当年在所检索期刊上发表的全部文献，再进行二次检索。如图3-5所示。

图3-5 中国知网文献来源期刊检索页面（部分）

以上介绍的是在多库选择的情况下的跨库检索方式，对于不同的单库其设置的检索方式也有所不同。

2.检索结果处理

检索结果页面将通过检索平台检索得到的检索结果，以列表的形式展示出来。用户可以对检索结果进行分组分析和排序分析，进行反复的精确筛选得到最终的检索结果。同时还可以方便用户进行二次检索，检索结果如图3-6、3-7所示。

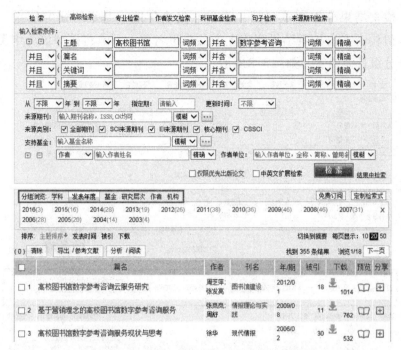

图3-6　中国知网检索结果部分页面（1）

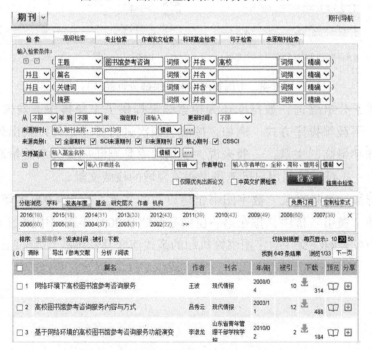

图3-7　中国知网检索结果部分页面（2）

检索结果分组浏览包括：学科、发表年度、基金、研究层次、作者、机构。点击检索结果列表上方的分组名称，下方将按照该分组类型展开分组具体内容。如图3-8所示。

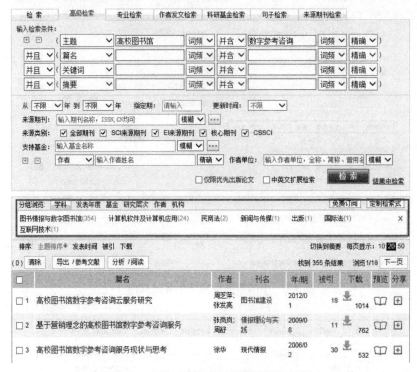

图3-8　中国知网检索结果部分页面（3）

除了分组筛选，数据库还为检索结果提供了主题排序、发表时间、被引、下载等排序方式。例如，按被引频次进行排序，可以找出该领域引用频率最高的文章，一般来说，引用频率是判断一篇文章质量高低的指标之一，可以帮助用户迅速找出相关领域的权威文献。

例如，查找有关"数字图书馆建设"的文献。检出4 000多篇文章，如果按"被引"排序，排在第一位的是张晓林2001年在《中国图书馆学报》上发表的论文《数字图书馆机制的范式演变及其挑战》。请见图3-9。

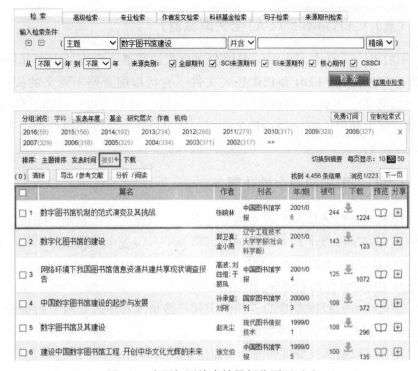

图3-9　中国知网检索结果部分页面（4）

　　检索平台为检索结果提供了细览页功能。在检索结果页面点击文献题名，进入该文献的细览页面。细览页面提供该文献的参考文献、引证文献、共引文献、同被引文献、相似文献等情况，并可直接阅读这些文献，帮助用户了解课题的起源，追踪科研的进展，深化课题的研究和科研价值。以我们在上面提到的《数字图书馆机制的范式演变及其挑战》一文为例，其细览页面部分结果如图3-10所示。

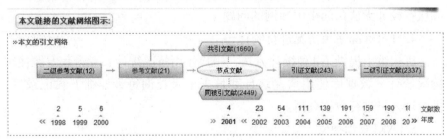

图3-10　中国知网细览页面部分结果

（五）CAJViewer（CAJ全文浏览器）

CAJ Viewer是中国知网的专用全文格式浏览器，它支持中国知网的TEB、CAJ、NH、KDH和PDF格式文件。它可以配合网上原文的阅读，也可以阅读已下载的中国期刊网全文，还可以对全文进行打印、缩放、翻页、图文摘录、标记和注释等处理，还可以将原文发送到检索者指定的电子邮箱。

（六）中国知网的个性化服务

在满足大众信息需求的基础上，中国知网在个性化服务方面进行了探索，在数字出版平台上推出了机构馆与个人馆等个性化服务模块。目前，机构馆与个人馆已经实现以下功能。

1. 实现个性化的资源和功能模块的定制

各机构可以根据自身的资源需求和经费情况对中国知网上的资源进行定制。目前，中国知网提供专辑、专题本、篇、主题等定制方式。另外，用户可以根据自身需要选择功能模块。

2. 在一级机构馆下可创建子机构馆及个人馆

子机构馆和个人馆可以申请关联到一级机构馆中，由一级馆审核通过后，即可免费使用其中的资源，既能满足子馆和个人馆个性化的信息需要，又能很好地实现资源共享。

3. 发放漫游账号

利用漫游账号，用户在使用中国知网数据库时可以不受IP范围的限制，自由访问本机构馆定制的资源。漫游账号解决了部分用户因为出差或住在校外无法访问中国知网的问题。

4. 可对资源使用情况进行统计

机构馆中提供了4种统计方法，用户使用情况统计、专辑和专题使用情况统计、数据库使用情况统计和日志记录查询每天详细下载记录等，供管理人员进行数据分析。

5. CNKI知识搜索

CNKI知识搜索在KBase（由清华同方开发的全文数据库管理系统）独有的搜索引擎技术上，采用了文献排序技术、分组技术以及用户搜索意图智能分析技术。该搜索引擎能够对用户一个简单的搜索请求做全方位的智能解析，在返回最相关、最重要的文献基础上，对全部相关文献做立体化分析：提供专业的分组、全方位的排序、相关知识等服务，让用户对当前的搜索结果有一个全面的了解。网址：http：//search.cnki.net/，其主页面如图3-11所示。

图3-11　CNKI知识搜索主页面（部分）

二、万方数据知识服务平台

（一）概述

万方数据股份有限公司是国内较早以信息服务为核心的股份制高新技术企业，是集信息资源产品、信息增值服务和信息处理方案为一体的综合信息服务商。万方数据知识服务平台（Wanfang Data Knowledge Service Platform）集品质知识资源、先进的发现技术、人性化设计于一身，是国内一流的知识资源出版、增值服务平台。

（二）数据库资源

万方数据知识服务平台按"资源"可分为：期刊、学位、会议、外文文献、科技报告、专利、标准、地方志、成果、法规、机构、图书、专家和学者等，资源总量超过2亿条，全面覆盖各学科、各行业。以下简单介绍该数据库中的部分资源。请参见表3-1。

表3-1 万方数据知识服务平台主要产品介绍

种类	产品名称	产品简介
全文数据库	中国学术期刊数据库(CSPD)	收录自1998年以来国内出版的各类期刊7 600余种,其中核心期刊3 000种
	中国学位论文全文数据库(CDDB)	与国内900余所高校、科研院所合作,收录自1980年以来的学位论文共362万余篇
	中国学术会议文献数据库(CCBD)	收录自1983年至今在中国境内召开的4 000个重要会议的论文,每年增加约20万篇全文,每月更新
	外文文献数据库(NSTL)	包括外文期刊论文和外文会议论文。外文期刊论文是全文资源,收录了1995年以来世界各国出版的2万余种重要学术期刊,部分文献有少量回溯。外文会议论文是资源,收录了1985年以来世界各主要学(协)会、出版机构出版的学术会议论文,部分文献有回溯
	中外专利数据库(WFPD)	包括11国2组织的数据。11国:中国、美国、澳大利亚、加拿大、瑞士、德国、法国、英国、日本、韩国、俄罗斯。2组织包括:世界专利组织、欧洲专利局。收录自1985年以来的5 200万余项专利
	中外标准数据库(WFSD)	收录标准题录及全文42万余条,全文数据来源于国家指定标准出版单位,文摘数据来自中国标准化研究院国家标准馆
	中国政策法规数据库(CLRD)	收录1949年以来全国人民代表大会及其常委会、国务院及其办公厅、国务院各部委、最高人民法院和最高人民检察院以及其他机关单位所发布的国家法律、行政法规、部门规章、司法解释以及其他规范性文件87万余条
	中国特种图书数据库(CSBD)	收录特种图书4.8万余册
文摘型数据库	中国科技成果数据库(CSTAD)	收录了1978年以来各省、市、部委鉴定后上报国家的成果,科技部的科技成果及星火科技成果,涵盖新技术、新产品、新工艺、新材料、新设计等众多学科领域,共收录科技成果85万余条
	中文科技报告(WFTS_TLA)	包括中文科技报告和外文科技报告。中文科技报告收录了1966年以来中华人民共和国科学技术部的2万余份报告;外文科技报告收录了1958年以来,美国政府的四大科技报告(AD、DE、NASA、PB),共计116万余份

种类	产品名称	产品简介
事实型数据库	中国机构数据库（CIDB）	中国机构数据库为信息分析人员及时提供全面、准确的最新信息、知识、情报，以便于评估机构的研发能力，把握行业结构。该系统由中国企业、公司及产品数据库，中国科研机构数据库，中国科技信息机构数据库等组成
	中国科技专家库（CESD）	收录了国内自然科学技术领域的专家名人信息，介绍了各专家在相关研究领域内的研究内容及其所取得的进展，为国内外相关研究人员提供检索服务。主要字段内容包括：姓名、性别、工作单位、工作职务、教育背景、专业领域、研究方向、国内外学术或专业团体任职情况、专家荣誉等30多个字段
特色文献数据库	中国地方志数据库（CLGD）	新方志数据库收录了1949年新中国成立以来的方志书籍，总计近4万余册，每季度更新；旧方志数据库收录宋代嘉泰元年至1949年的方志文献，预计将收录5万册

注：表中数据截至2016年7月。

（三）检索特点

知识服务平台提供了高级检索和专业检索。它们的特点是可以在用户选择好文献类型的基础上，实现进一步的跨库检索。

（四）检索结果处理

将文献检索结果以列表、文摘详情形式展示，检索结果页面如图3-12、3-13所示。其特色功能如下。①对检索结果进一步细化处理：按"学科分类"发文量、"论文类型"发文量、"年份"发文量、"按刊分类"发文量、"相关检索词"发文量、"相关学者"发文量，以达到筛选检索结果的目的，使用户快速地获取所需文献。②提供了优先排序功能："相关度优先"是指与检索词最相关的文献优先排在最前面；"新论文优先"指的是发表时间最近的文献优先排在前面；"经典论文优先"是指被引用次数比较多，或者文章发表在档次比较高的杂志上的、有价值的文献排在前面。③在文献检索结果页面：提供下载全文、查看全文、导出文献等功能，在导出文献信息的功能中，勾选要导出的文献，可按参考文献格式、NoteExpress、RefWorks、NoteFirst、EndNote、自定义格式、查新格式导出文献。④分享：可将文献分享到微博、开心网、人人网、豆瓣等社区，或通过"推荐"功能提高文献的影响力。⑤通知功能：当用户所订阅的论文被其他论文引用时，将得到即时通知。目前该服务仅面向个人注册用户，请先注册个人账户，然后使用。使用时，在论文检索结果列表上勾选一组论文，点击"添加到引用通知"按钮即可。

图3-12　万方数据知识服务平台检索结果部分页面（1）

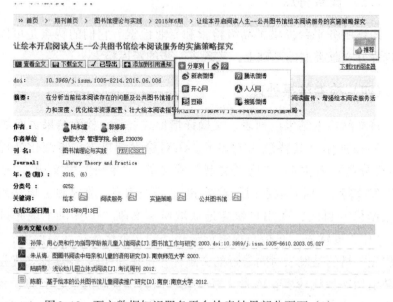

图3-13　万方数据知识服务平台检索结果部分页面（2）

三、维普资讯

（一）概述

维普网仓储式在线出版平台是由重庆维普资讯有限公司开发研制的，它是国内最大的综合性科技文献数据库，收录的期刊时间跨度大、种类多。它的主要特点是：数据量大，开发多种形式的文献信息数据库系统。其中《中文科技期刊数据库》即源于重庆维普资讯有限公司1989年创建的《中文科技期刊篇名数据库》。维普数据库包含了科技期刊、报纸、中文期刊、外文期刊、专业的行业信息资源等。该库涵盖了自然科学、工程技术、农业、医药卫生、经济、教育和图书情报等方面的知识。2005年1月，维普《中文科技期刊数据库》增加收录文、史、哲、法等学科的文章、期刊，形成社会科学专辑，社科数据可回溯到2000年。该数据库中的资源按《中国图书馆分类法》进行分类，采用先进的全文检索技术，实现海量数据秒级响应。图3-14是维普期刊资源整合服务平台某校镜像主页。

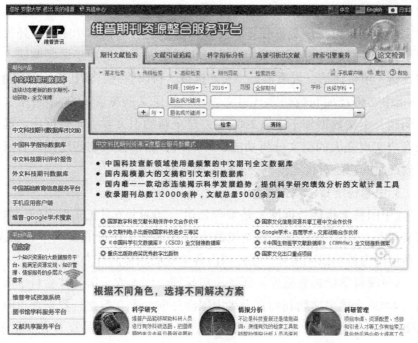

图3-14　维普期刊整合资源服务平台首页（部分）

（二）主要数据库资源

1. 中文科技期刊数据库（全文版）

《中文科技期刊数据库（全文版）》是我国最大的数字期刊数据库，该库受到国内图书情报界的广泛关注和普遍赞誉，目前已拥有包括港澳台地区在内 6 000 余家大型机构用户，是 Google 学术搜索频道国内最大合作资源，是我国数字图书馆建设的核心资源之一，高校图书馆文献保障系统的重要组成部分，也是科研工作者进行科技查证和科技查新的必备数据库，科技查新领域使用最频繁的中文期刊全文数据库。《中文科技期刊数据库（全文版）》收录了 1989 年至今的 14 000 余种期刊，部分期刊回溯至 1955 年，其中核心期刊收录 1 983 种，文献总量 5 700 万余篇文献。检索方便，原文清晰，提供镜像安装、包库和网上免费检索流星计费下载等多种使用方式。

2. 中文科技期刊数据库（引文版）

《中文科技期刊数据库（引文版）》是维普在 2010 年全新推出的期刊资源整合服务平台的重要组成部分，是目前国内规模最大的文摘和引文索引型数据库。该产品采用科学计量学中的引文分析方法，对文献之间的引证关系进行深度数据挖掘，除提供基本的引文检索功能外，还提供基于作者、机构、期刊的引用统计分析功能，可广泛用于课题调研、科技查新、项目评估、成果申报、人才选拔、科研管理、期刊投稿等用途。

《中文科技期刊数据库（引文版）》收录文摘覆盖 8 000 多种中文科技期刊，引文数据加工追自 2000 年，是全新的引文索引型数据库，能帮助客户实现强大的引文分析功能，并采用数据链接机制实现同维普资讯系列产品的功能对接定位，提高科学研究的效率。

3. 中国科学指标数据库

《中国科学指标数据库》是维普公司于 2009 年 6 月正式推出的一款全新资讯类产品，是目前国内规模最大的基于引文评价的事实型数据库，是衡量国内科学研究绩效、跟踪国内科学发展趋势的有力工具。

《中国科学指标数据库》涵盖了包括理、工、农、医和社会科学等方面的 4 000 余种中文期刊和百万级中国海外期刊发文数据，数据评价时段从 2000 年跨至当前，每双月更新。用户可以通过本产品查看关于学者、机构、地区、期刊的科研水平及影响力评价，并了解当前国内的科研动态、研究热点和前沿。产品具有内容全面、数据客观、评价公正等显著特征。

4. 外文科技期刊数据库

《外文科技期刊数据库》提供1992年以来世界30余个国家的11 300余种期刊共800万余条外文期刊文摘题录信息。对题录字段中刊名和关键词进行汉化，帮助检索者充分利用外文文献资源。并联合国内20余个图书情报机构提供方便、快捷的原文传递服务。完全满足中小型图书馆、科研机构对外文文献资源的需求。《外文科技期刊数据库》解决了经费暂时不足的高校图书馆、科研机构对各国期刊文献的需求，化解了他们暂时买不起国外数据库，在科研创新中又很需要外文期刊文献的两难境地。

5. 中国基础教育信息服务平台

《中国基础教育信息服务平台》衍生于维普中文期刊数据库，以满足中小学基础教育的各方面需求为目的，教师、学生、校长（学校管理者）乃至学生家长，都能从中获取最新、最全的中小学教育所必需的各种相关知识。

《中国基础教育信息服务平台》收录了涵盖教育科学、学校管理、教学参考、课程辅导等9大类67个小类的2 254种期刊，目前是国内收录期刊最多的、且保障持续更新的教育类电子期刊全文数据库。提供了包括题名、刊名以外的更多检索入口，可以从关键词、作者、文摘等字段进行更快速、便捷的检索，由于拥有自主开发的中文搜索引擎技术，且数字加工过程中增加了人工校对环节，检索准确率和检全率均有保证，是专为中小学教育机构量身定制的期刊资源产品。

6. 中国科技经济新闻数据库

《中国科技经济新闻数据库》是国内第一个电子全文剪报产品，集系统性、新闻性、实用性和情报检索的专业性于一体，成为科研人员课题查新、科研教学、企业决策和获取竞争信息的重要工具之一。遴选自国内420多种重要报纸和9 000多种科技期刊的305万余条新闻资讯，全面覆盖各个行业（工业、农业、医药、经济、商业等）科研动态、企业动态、发展趋势、政策法规等方面的信息资源。根据报刊、新闻信息的特殊性，参考《中国图书馆分类法》、检索期刊条目著录规则和文献主题标引规则，该数据库制定了专门的分类体系。由专业人员进行分类、标引。所有正文数据均由录入人员按登载原文录入，同步控制数据质量。数据每日更新，可跟踪最新的科技动态与社会、经济发展动态。

7. 维普资讯中文期刊服务平台7.0

《维普资讯中文期刊服务平台7.0》在《中文科技期刊数据库》的基础上，以数据质量和资源保障为产品核心，对数据进行整理、信息挖掘、情报分析和数据对象化，充分发挥数据价值。完成了从"期刊文献库"到"期刊大数据"的升级，使中文期刊平台兼具资源保障价值和知识情报价值。该平台的推出，意味着维普资讯由传统的资源保障向全新的数据应用迈进。《维普资讯中文期刊服务平台7.0》涵盖医药卫生、农业科学、机械工程、自动化与计算机技术、化学工程、经济管理、政治法律、哲学宗教、文学艺术等35个学科大类，457个学科小类。

（三）《维普咨讯中文期刊服务平台7.0》主要检索特点

《维普中文期刊服务平台7.0》提供采用文献检索、期刊检索、主题检索、作者检索、机构检索、基金检索、学科检索、地区检索以及基于这8个维度的综合检索。其主要检索功能特色如下。

1. 智能的文献检索系统

该服务平台引进国内外推崇的"联想式信息检索模式"，结合期刊资源的自身特点，对关键词进行横向联想与扩充，实现资源的快速定位。请参见图3-15。

图3-15　维普中文期刊服务平台7.0检索页面（部分）

2. 灵活的聚类组配方式

左聚类面板支持"被引范围""作者""学科""期刊收录""机构""期刊""年份""主题"的多类别层叠筛选，实现在任意检索条件下对检索结果进行再次组配，提高资源深度筛选效率。如图3-16。

图3-16　维普中文期刊服务平台7.0检索结果的多种检索条件

四、中国高等教育文献保障系统

（一）概述

中国高等教育文献保障系统（China Academic Library & Information System，简称CALIS），是经国务院批准的我国高等教育"211工程""九五""十五"总体规划中三个公共服务体系之一。CALIS管理中心设在北京大学，下设了文理、工程、农学、医学四个全国文献信息服务中心，华东北、华东南、华中、华南、西北、西南、东北七个地区文献信息服务中心和一个东北地区国防文献信息服务中心。

（二）主要数据库资源

中国高等教育文献保障系统的部分产品介绍请参见表3-2。

表3-2　中国高等教育文献保障系统部分产品介绍

名称	简介
联合目录数据库	联合目录数据库的建设始于1997年。到2004年10月为止,联合目录数据库已经积累了160多万条书目记录,馆藏信息有600万余条。联合目录数据库涵盖印刷型图书、连续出版物、电子期刊和古籍等多种文献类型;覆盖中文、西文和日文等语种;内容囊括了教育部颁发的关于高校学科建设的全部71个二级学科,226个三级学科(占全部249个三级学科的90.8%)
高校学位论文数据库	该数据库负责所有论文的目次报导任务,并负责对2000年起CALIS"九五"期间参建单位利用网上提交系统收取的电子版学位论文(这些论文由于受到一定程度的版权保护,无法公开上网获取)采取分散在各成员馆保存各自的电子全文并由各成员馆提供全文服务的方式。参建馆在收取学位论文时,将同时取得作者的使用授权书,并在作者授权范围内提供直接下载、文献传递等全文服务
专题特色数据库	该数据库在CALIS"十五"建设结束时,建成了具有相对统一建设标准、由不少于50个专题库组成的特色数据库群。数据库群建立在可独立运行的各个特色库基础上,除了具备可分布式检索的基本功能外,还将在CALIS管理中心的支持下,建立一个基于集中式元数据库的特色资源库中心门户
重点学科导航数据库	该数据库是国家"211工程"中国高等教育文献保障系统(CALIS)、"十五"重点建设项目之一。该项目以教育部正式颁布的学科分类系统作为构建导航库的学科分类基础,建设了一个集中服务的全球网络资源导航数据库,提供重要学术网站的导航和免费学术资源的导航。经过专家评审,共有52个学校获得导航库参建许可。导航库建设的学科范围涉及除军事学(大类)、民族学(无重点学科)之外的所有一级学科共78个。经费上获得重点资助的学科为48个,一般资助学科13个,非资助学科17个
教学参考信息数据库	教学参考信息数据库中有教参信息5万余条;解决版权并完成电子书制作的图书1万余种;由出版社推荐,子项目管理小组精心挑选的具有电子版的教参书近1万种;经全面整理、归并,完成授权加工入库并安装在全文电子教学参考书库中的电子图书2万余种;出版社推荐的电子教学参考书6万余种

（三）检索特点

CALIS 选择多个库进行分类检索，按照语种划分，可分为中、西、日、俄四个数据库，按照文献类型划分，可分为普通图书、连续出版物、古籍。得到检索结果之后，可以重新返回检索页面，修改检索条件之后重新进行二次检索，这种二次检索不提供对结果集的二次检索。

检索结果可以多种格式输出：对所有用户提供记录引文格式、简单文本格式、详细文本格式。

第二节　超星电子图书

电子图书（eBook）以数字化形式存储、发行、传播和阅读，是多媒体、超文本和网络技术发展的产物。它的图文、声像并茂，检索、摘录方便，无复本限制，足不出户就可下载、购买，改变了人们对于图书发行、阅读和利用的习惯。目前，电子图书制作分扫描转换版和原生数字版两种形式，一般使用专用阅览器进行阅读。下面，我们向大家介绍超星数字图书馆数据库。

一、概述

北京世纪超星信息技术发展有限责任公司与清华大学合作开发图像全文检索技术，并且在互联网上建立了国内第一家数字图书馆。到2005年年底，《超星数字图书数据库》已经拥有了百万种图书的超大数据量，是全球规模最大的中文电子图书数据库。电子图书采集于500多家专业图书馆，有大量珍本、善本、稀缺的图书，近10年新书75万种，近3年新书10万种，授权作者35万位，合作出版社400多家，其中解决版权的中文电子图书有145万种，数据库收录的图书涉及哲学、文学、历史、军事、经济、医学、农业、数学、物理、化学、工程技术和环保等几十个学科门类。

"超星数字图书馆"是在高校内常用的图书数据库，它对于不同的学科有专门对应的数字图书馆，用起来比较方便。目前，很多高校都有它的镜像站点，根据高校的性质不同，电子图书馆里收藏的图书也不尽相同。

二、主要访问方式

主要访问方式有如下几种：在当地或本校的超星数字图书数据库的镜像站点访问；登录超星数字图书数据库教育站 www.sslibrary.com，如果是合法网络用户，可以直接检索访问数据库；购买超星读书卡，登录超星数字图书数据库站点 www.ssreader.com，注册成为用户，即可访问数据库。

三、检索方法和阅读方法

超星的检索界面简洁，可提供多种检索方式，如输入关键词进行检索、选择类别检索、二次检索、高级检索、检索结果排序等。

这里简单介绍超星浏览器的使用方法，图3-17是超星浏览器阅读页面，显示的是在线打开的一本书。在阅读超星电子图书之前，必须下载超星阅读器才能进行在线阅读。浏览器页面的上方提供了一条工具栏，其功能是按人们平时阅读图书的习惯设计的。用户在阅读电子图书时，可以作标注或者记号，还可以加上书签。使用标注工具栏中的铅笔工具可以写字，也可以画不规则的线条；如果需要标注整齐一些，可以使用直线工具；可以在电子图书的任意位置使用批注，加上自己的语言，还可以使用提亮工具突出某些比较重要的部分。

由于在超星图书阅览器中显示的图书都是以PDG格式存储的图片，而不是文本，利用文字识别功能（OCR）可以将PDG格式的图片转换为TXT格式的文本保存。

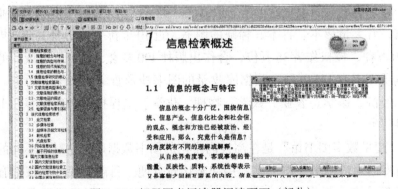

图3-17　超星图书阅读器阅读页面（部分）

四、超星电子图书的下载

点击超星阅读器工具栏上的"图书"按钮，即可看到"下载"项。在下载图书之前，先点击左边的"资源列表"按钮，打开"我的图书馆"按钮，选中"个人图书馆"后在下载选项右边点击新建子分类。当下载图书时，在下载选项里选择好分类和存放路径后，即可将书下载到本地，以后阅读该书时，只需双击任何一页即可重新进入阅读界面。注意，下载后的图书只能在该部注册过的电脑上阅读，不能在其他电脑上阅读。

五、读秀学术搜索简介

读秀学术搜索是超星开发的一个面向全球的互联网图书资源查询系统。读秀知识库是由海量中文图书资源组成的庞大知识库系统，以近490万种中文图书题录信息为基础，可搜索的信息量超过13亿页，为用户提供深入图书内容的书目和全文检索，可以进行280万种中文图书文献传递和部分文献的全文试读（20万余种年代较早无版权问题图书），以及通过E-mail获取文献资源，是一个真正意义上的海量图书搜索及文献服务平台，向用户提供深度的知识点搜索和电子图书版权范围内的合理使用。读秀知识库基于海量元数据整合技术，还可将图书馆现有的馆藏书目和电子文献数据库整合于同一平台上，实现文献需求在读秀平台上的一站式解决，完成图书馆电子资源服务系统的整体升级，使其成为真正意义上的立体式知识型图书馆，提高电子资源使用效率，保障学科文献需求。

【案例分析】

案例一

利用中国知网的《中国学术期刊（网络版）》了解我国在"数字图书馆与知识产权"方面的研究状况。

进入《中国学术期刊（网络版）》的检索页面，检索策略是"数字图书馆"并含"知识产权"，并分别输入到两个文本框中。

检出文献927篇，点击"分组浏览"，按"学科"分组，这样我们可以获悉按"学科"类别分组的信息。

通过"分组浏览"按"机构"分组，我们就可以了解到有关"数字图书馆与知识产权"的学术文献主要分布在武汉大学（38篇）、福建师范大学（15篇）和福州大学（13篇）。单击"武汉大学（38篇）"链接，并点击"被引"，可获得一些信息。

由此可得，武汉大学邱均平老师在2000年左右就已对这个课题进行了研究，并发表了论文，其被引频次是96。

通过"分组浏览"按"作者"分组，我们又进一步了解到，在"数字图书馆与知识产权"研究领域发文最多的是福州大学的张文德老师，他在2002—2013年共发表该领域的论文11篇。又按"被引"排序，其中论文《再论数字图书馆的知识产权保护研究》被引频次是19；《数字图书馆知识产权风险评估指标体系构建》被引频次是12。

利用"分组浏览"按"发表年度"分组。通过统计分析得出图3-18所示的统计图表，它表明：随着数字图书馆建设的发展，在1997—2000年间，我国对数字图书馆建设中存在的知识产权问题引起重视，开始对它们进行研究。2001—2007年有关该领域的研究逐年增长，2008—2015年期间对该领域的研究热度基本处在稳定的状态。

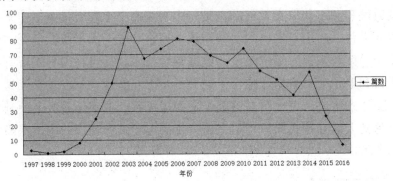

图3-18 "数字图书馆与知识产权"相关主题论文各年份发表量检索统计结果折线图

案例二

在中国知网、维普期刊资源整合服务平台、万方数据知识服务平台检索出与"碳化硅/复合材料与抗氧化性"主题相关性较为密切的期刊文献。

我们分别利用中国知网的《中国学术期刊（网络版）》、维普期刊资源整合服务平台和万方数据知识服务平台进行检索。

检索策略："碳化硅"并含"复合材料"并含"抗氧化"。

分别在以上数据库中，根据各自检索平台的特点选择检索方式，一般选择"高级检索"方式，其检索字段选择"关键词"，在多个检索文本框中依次键入检索词"碳化硅""复合材料""抗氧化"，逻辑运算符为"and（并且）"。

各数据库检出文献数如表3-3所示。

表3-3　检索结果

数据库名称	数量(篇)
中国学术期刊(网络版)	54
维普期刊资源整合服务平台	54
万方数据知识服务平台	21

共计129篇文献。去重后得到52篇文献。

对检出的文献通过阅读、分析，其中5篇文献不涉及"碳化硅/复合材料与抗氧化性"的内容，与该主题不相关；其他47篇文献可以视为与其较密切相关文献。

【复习思考题】

1. 简述国内常用的数据库系统。

2. 简要介绍中国知网资源的特色。

3. 以自己感兴趣的一个课题作为检索内容，分别通过中国知网、万方数据知识服务平台、维普期刊资源整合服务平台检索，比较它们在收录内容、检索方法等方面的共同点与不同点。

4. 简述如何在超星数字图书馆上查询需要的图书。

第四章　国外主要计算机信息检索系统

【内容概要】

和国内信息检索系统相比，国外数据库检索技术和检索系统已经十分成熟。首先，本章详细介绍 Springer Link、EBSCO、ScienceDirect、IEEE/IET Electronic Library 四个国外全文数据库的资源介绍、检索功能、检索结果显示与输出、个性化功能。其次，为了便于回顾经典文献，追溯学科发展方向和趋势，本章进一步详细介绍了引文索引数据库 Web Of Science™、工程索引数据库 Ei Compendex 的使用。最后，简要介绍国外著名集成性检索系统 ProQuest Dialog、FirstSearch 的检索功能与使用，以便人们能够正确选择所需的检索系统，满足自身需求。

【要点提示】

● Springer Link 资源介绍、检索功能、检索结果显示与输出、个性化功能

● EBSCO 资源介绍、检索功能、检索结果显示与输出、个性化功能

● ScienceDirect 资源介绍、检索功能、检索结果显示与输出、个性化功能

● IEEE/IET Electronic Library 资源介绍、检索功能、检索结果显示与输出、个性化功能

● Web Of Science™ 资源介绍、检索功能、检索结果显示与输出、个性化功能

● Ei Compendex 资源介绍、检索功能、检索结果显示与输出、个性化功能

● ProQuest Dialog 资源介绍、检索功能、检索结果显示与输出、个性化功能

● FirstSearch 资源介绍、检索功能、检索结果显示与输出、个性化功能

第一节　Springer Link 数据库

一、资源介绍

德国施普林格是世界上著名的科技出版集团之一，以出版学术性出版物而闻名于世。施普林格集团通过 Springer Link 系统提供学术期刊和电子图书在线服务。

Springer Link 是专门为研究人员提供服务的平台，通过便捷的搜索和检索工具，研究人员可以快速浏览超过 500 万篇文献，包括期刊、图书、丛书、实验指南、参考文献等。凡拥有该数据库使用权的用户，可点击本单位图书馆主页的数据库资源（电子资源）中的 Springer Link 数据库链接，或在地址栏中输入网址 http：//link.springer.com/，即可进入 Springer Link 平台主页。

Springer Link 平台主页由个性化设置、检索、浏览、内容、机构名称五大功能模块组成。个性化设置模块可以选择注册/登录用户账户，切换界面的使用语言，选择界面的版本，自动识别组织机构名称。检索模块提供以特定检索词为检索途径的初级检索、高级检索及其检索帮助。浏览模块提供按照学科进行资源的分类查找。内容模块显示最新图书和最新期刊。下面以期刊和章节查找为例介绍 Springer Link 的使用方法。

二、检索功能

Springer Link 检索平台提供两种文献查找方法：一种是浏览，一种是检索。

Springer Link 具有不同浏览选项，点击进入某个学科，用户可以直接浏览该领域的学科页面；可以浏览不同的内容类型，比如期刊、图书、丛书、实验指南和参考文献等。

除浏览查找文献外，Springer Link 可使用关键词检索，用户可以对所有内容进行某选定词的全文检索。检索功能提供初级检索和高级检索两种途径。

（一）初级检索

初级检索不提供具体检索字段。检索字段默认值为全部，各检索词之间可以根据需要运用布尔逻辑算符"AND""OR""NOT"进行组配，也可以限定检索字段，如标题、摘要、作者、ISSN 号、ISBN 号、DOI 等，可构建检索式进行检索。如果用户对检索词所出现字段没有具体要求，可选择直接输入检索词的方式进行检索。用户在检索框中输入检索词后，单击 按钮，即可获得命中检索结果。由于系统默认检索字段限定为全部字段，因而采用这种方式检索出来的结果的检全率最高，但检准率最低。

（二）高级检索

点击 ，选择"Advanced Search"选项进入高级检索页面。高级检索可以通过限定检索条件进行检索，提供"与字词完全匹配"（with all of the words）、"与词组完全匹配"（with the exact phrase）、"至少包含一个词"（with at least one of the word）、"不包含这些词"（without the words）、"标题中所包含的字词"（where the title contains）、"作者/编者"（where the author/editor is）、"文档出版日期"（Show doucments published）、对机构已订阅或未订阅的内容进行检索（Include Preview-Only content）。用户可以按照以上检索条件在检索框中输入相关选项，然后点击 Search 按钮进行检索。请参见图 4-1。

三、检索结果显示与输出

通过 Springer Link 平台检索，可以出现 Springer Link 检索结果页面，该页面包括 3 个功能区：检索结果区、检索优化区、检索结果处理区。检索结果区显示满足检索条件的检索结果，通过黄色背景显示。在预设情况下，此区域只显示权限范围内的检索结果，如果想阅览权限以外的检索结果，需要勾选黄色区域内的过滤选项，被锁住的内容也会被列出来。检索结果的页面框架包括内容类型、内容标题、内容描述、所列内容的作者、在何处以何种产品形式出版、全文下载 PDF 或以 HTML 格式浏览。检索优化区，可以通过文献内容类型、学科、子学科、出版社、作者、语言等选项优化检索结果，也可按照相关性和时间顺序排列检索结果，系统预设情况下，按相关性排序搜索结果。也可精确到出版年限或限定页码范围进行检索。检索结果处理区，可以进行 RSS 定制和下载 CSV 格式文件。请参见图4–2。

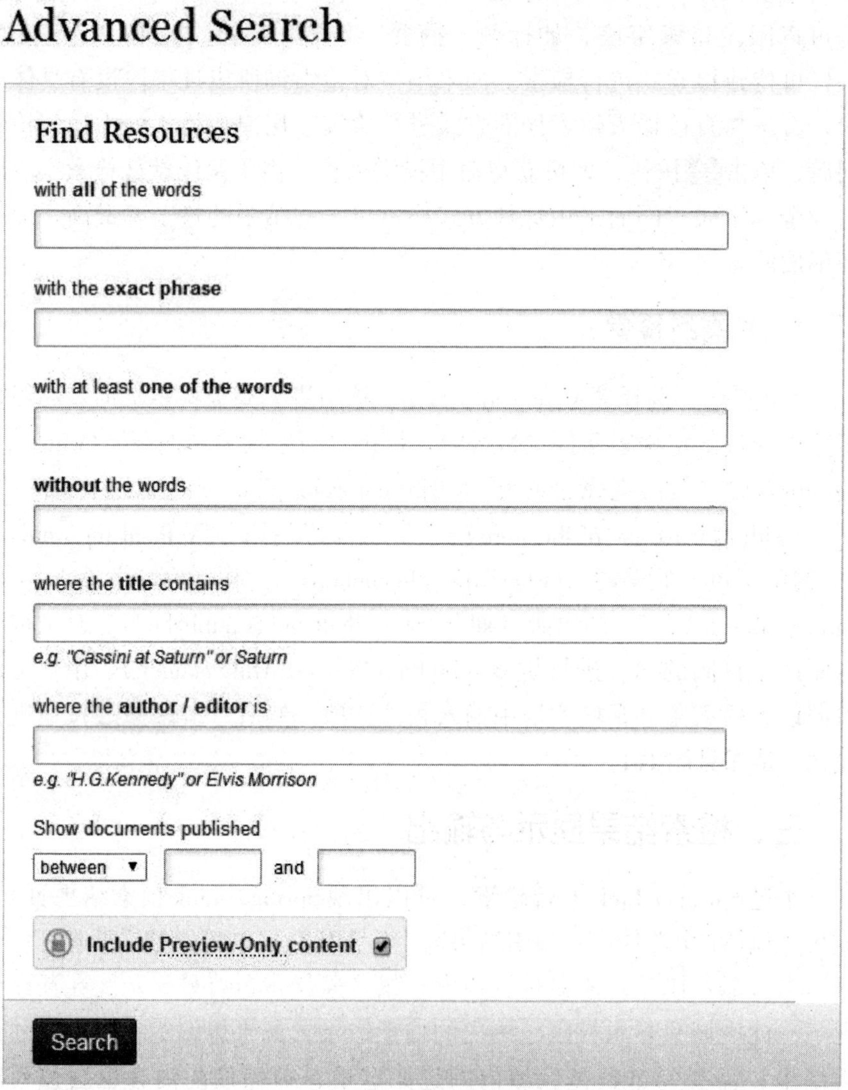

Advanced Search

Find Resources

with **all** of the words

with the **exact phrase**

with at least **one of the words**

without the words

where the **title** contains

e.g. "Cassini at Saturn" or Saturn

where the **author / editor** is

e.g. "H.G.Kennedy" or Elvis Morrison

Show documents published

between ▼   and

Include Preview-Only content ✓

Search

图4–1　Springer Link 高级检索页面（部分）

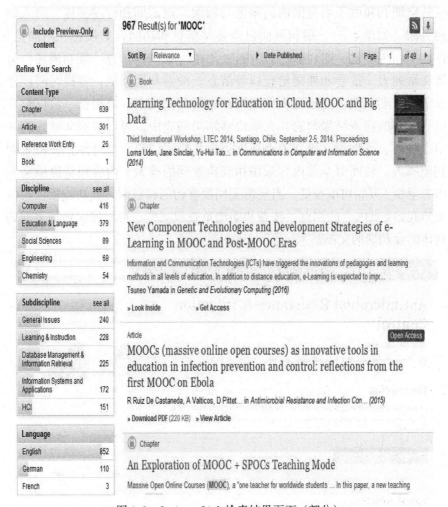

图4-2　Springer Link 检索结果页面（部分）

　　选择某一检索结果，可以进入某一检索结果具体信息页面。以期刊文章为例，会详细显示该文章下载与浏览链接、期刊标题、出版年限、文章标题、作者、摘要、期刊封面、期刊内链接、导出参考文献、相关文章、补充材料、参考文献等信息。Springer Link 支持多种参考文献的导出，如 ProCite（RIS）、Reference Manager（RIS）、RefWorks（RIS）、End-Note（RIS）、PubMed（TXT）、Text only（TXT）、BibTeX（BIB）。

四、个性化功能

　　Springer Link 平台不仅提供对全库文献内容浏览与检索，而且支持某一特定期刊和电子书范围内的浏览与检索。点击期刊标题链接，进入期刊页面（如图4-3），期刊页面包含各种信息和功能，如按卷和期浏览、在本期刊内检索、期刊标题、印刷版及在线版ISSN信息、期刊描述、最新文章列表、按卷和期浏览查找等信息。按卷和期浏览，将按时间顺序显示所有卷和期。通过输入检索词在本期刊内检索，将提供一份仅包含该刊内容的检索结果列表。在该检索结果列表中，可以按照文献内容类型、学科、子学科、语言等选项聚类优化检索结果，也可停止在特定期刊范围内，转而对全部内容采用相同检索词的检索。内容预览提供文章内容至少2页的PDF预览，当整篇文档没有访问权限时，此功能提供每份文档起始2页内容的浏览。按卷和期浏览查找功能，可以搜索到特定期刊具体的卷和期的文献信息。

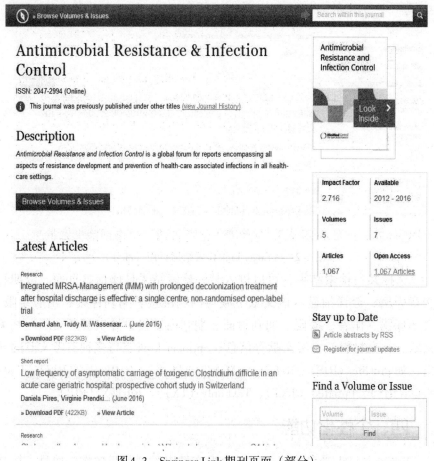

图4-3　Springer Link期刊页面（部分）

点击电子书标题链接，或进入章节链接点击电子书标题，进入电子书页面，电子书页面包含在本书中检索、出版年份、标题、作者/编者、印刷版及在线版ISSN信息、目录信息。

第二节 EBSCO 数据库

一、资源介绍

EBSCO 是一家提供期刊、文献订购及出版服务的专业公司。该机构开发出了 EBSCOhost 检索平台。检索的学科范围涉及自然科学、社会科学、人文和艺术等各类学术领域。它将二次文献与一次文献"捆绑"在一起，为最终用户提供文献获取一体化服务，检索结果为文献的目录、文摘、全文（PDF格式）。

EBSCOhost 数据库包括：Academic Search Complete；Business Source Premier；Regional Business News；MEDLINE；Teacher Reference Center；Newspaper Source；Library，Information Science &Technology Abstracts；GreenFILE；ERIC；European Views of the Americas：1493 to 1750；American Doctoral Dissertations：1993—1955；eBook Collection（EBSCOhost）；EBSCO eClassics Collection（EBSCOhost）。

以下就其中的几种做简要介绍。

Academic Search Complete 是世界上最有价值、最全面的学术型多学科全文数据库之一。截至2015年5月，它全文收录了超过9 028种期刊，包括7 877种同行评审期刊全文。它还提供将近150种期刊，可以全文追溯到1975年或更早。

Business Source Premier 是行业中常用的商业研究数据库，内容涵盖市场营销、管理、MIS、POM、会计、金融和经济等商业学科。全文收录2 300多种期刊（包括1 100多种同行评审期刊）。其内容最早可追溯到1886年，可搜索引文参考，最早可追溯至1998年。

Regional Business News 提供综合型地区商务出版物的全文信息，包含80多篇涉及美国所有城市和农村的地区商务报告。

MEDLINE 提供了有关医学、护理、牙科、兽医、医疗保健制度、临床科学及其他方面的权威医学信息。MEDLINE 由 National Library of Medicine 创建，采用 MeSH（医学主题词表）创建索引，可检索 4 800 多种流行生物医学期刊中的引文。

Teacher Reference Center 提供了 280 种最流行教师和管理类期刊和杂志的索引和摘要。

Newspaper Source 完整收录了 40 多种美国和国际报纸以及精选的 389 种美国地方性报纸全文。此外，还提供电视和广播新闻脚本。

Library, Information Science & Technology Abstracts 将 560 多本核心期刊、近 50 本领先期刊和近 125 本精选期刊以及书籍、研究报告和学报编入索引。主题涵盖图书馆管理、分类、编目、文献计量学、网络信息检索、信息管理等。收录的内容最早可追溯至 20 世纪 60 年代中期。

GreenFILE 提供人类对环境所产生的各方面影响的深入研究信息，包括全球变暖、绿色建筑、污染、可持续农业、再生能源、资源回收等。本数据库提供近 384 000 条记录的索引与摘要，以及 4 700 多条记录的 Open Access 全文。

ERIC，全称 Education Resource Information Center，提供了教育文献和资源。数据库中包含超过 130 万条记录，并提供了 Current Index of Journals in Education 和 Resources in Education Index 中所含期刊的信息。

European Views of the Americas：1493 to 1750，该数据库收录 1493 年到 1750 年间的 32 000 多个条目，是 1750 年前美国人在欧洲撰写的书面记录的全面指南。

凡订购了该数据库使用权的用户，可以点击本单位图书馆主页的数据库资源（电子资源）的 EBSCO 数据库链接，出现图 4-4 EBSCOhost 页面，选择第一种方式进入 EBSCOhost 检索平台（如图 4-5）。如图 4-4，"Business Searching Interface" 为商业文献检索界面，"Publication Finder Interface" 为出版物检索界面。用户可以点击 EBSCOhost 检索平台主页面上方"语言"选项，进行语言设置。

图 4-4　EBSCOhost 页面（部分）

图 4-5　EBSCOhost 检索平台主页面（部分）

二、检索功能

进入 EBSCOhost 检索平台，在开始查找文献之前需要设置"选择数据库"选项，否则默认检索 Academic Search Complete 数据库。EBSCOhost 检索平台提供基本检索、高级检索、主题词检索、叙词检索、出版物检索、图片检索，系统默认为基本检索。

（一）基本检索

基本检索提供一组检索框，供用户输入检索词，不限制任何检索字段。检索框下方提供各种检索选项，可以对检索范围进行限定或扩展，然后点击"搜索"按钮。

（二）高级检索

点击EBSCOhost检索平台首页面检索框下方"高级检索"链接，进入EBSCOhost高级检索页面（如图4-6）。高级检索提供三组检索框，提供限定字段的下拉列表，主要有所有文本（TX）、作者（AU）、标题（TI）、主题语（SU）、来源（SO）、摘要（AB）、ISSN（IS）、ISBN（IB）。两组检索词之间可以选择下拉菜单中布尔逻辑算符"AND""OR""NOT"进行组配检索。检索框下方提供各种检索选项，可以对检索范围进行限定或扩展，然后点击"搜索"按钮。

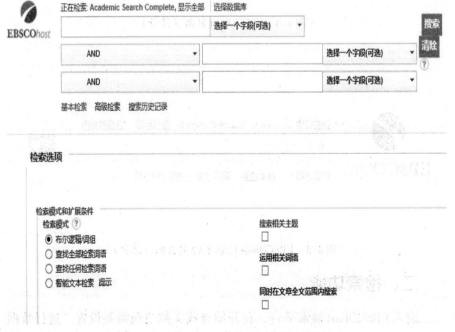

图4-6 EBSCOhost高级检索页面（部分）

（三）主题词检索

主题词是规范化的检索语言，它对文献中出现的同义词、近义词、多义词以及同一概念的不同书写形式等进行严格的控制和规范，使每个主题词都含义明确，以便准确检索，防止误检、漏检。点击EBSCOhost检索平台首页面上方工具栏中"科目"下拉列表中"Academic Search Complete-Subject Terms"，即可进入EBSCOhost主题词检索界面（如图4-7）。系统提供一组检索框，检索框下方提供检索词限定选项。输入检索词，点击"浏览"按钮，显示主题词列表，点击该词，可以查看该词上位词和下位词列表。

（四）叙词检索

点击EBSCOhost检索平台首页上方工具栏中"科目"下拉列表中"Business Thesaurus""Green Thesaurus""Library, Information Science&Technology Thesaurus"，即可进入叙词检索页面。

（五）出版物检索

点击EBSCOhost检索平台首页上方工具栏中"出版物"下拉列表中"Academic Search Complete-Publications"，即可入进出版物检索页面。系统提供一组检索框，用户输入出版物名称，即可快速查询该出版物文章（如图4-8）。

（六）图片检索

点击EBSCOhost检索平台首页上方工具栏中"更多"下拉列表中"图像"下拉菜单"图像集"或"图像快速查看集"按钮，即可进入图片检索页面。系统提供一组检索框，供用户输入检索词，不限制任何检索字段。检索框下方提供各种检索选项，可以对检索范围进行限定或扩展，然后点击"搜索"按钮。图像集检索是在Image Collection数据库中查找，图像快速查看集是在Image Quick View Collection数据库中查找。

科目 地点 人物

浏览: Academic Search Complete -- Subject Terms

[   ] 浏览

◉ 词语的开始字母   ○ 词语包含   ○ 相关性排序

页: ◄ 上一次 | 下一个 ►

选择词语，然后添加以进行检索，添加时使用: OR ▾ 添加

（单击词语以显示详细资料。）

	A & I services **Use** ABSTRACTING & indexing services
	A B M (Anti-ballistic-missile) **Use** ANTIMISSILE missiles
	A capella singing **Use** A cappella singing
	A cappella music **Use** A cappella singing
☐	A cappella singing
	A la carte legal services **Use** UNBUNDLED legal services
☐	A la carte menus
	A level examinations **Use** A-level examinations
	A Library Management System **Use** ALMS (Library management system)
	A mdo (Tibetan people) **Use** AMDO (Tibetan people)
☐	A posteriori error analysis
☐	A priori
	A priori algorithm **Use** APRIORI algorithm
	A Programming Language (Computer program language) **Use** APL (Computer program language)
	A Programming Language-2 (Computer program language) **Use** APL2 (Computer program language)
☐	A stars
	A stars -- Absolute magnitude **Use** A stars -- Magnitudes

图4-7 EBSCOhost主题词检索页面（部分）

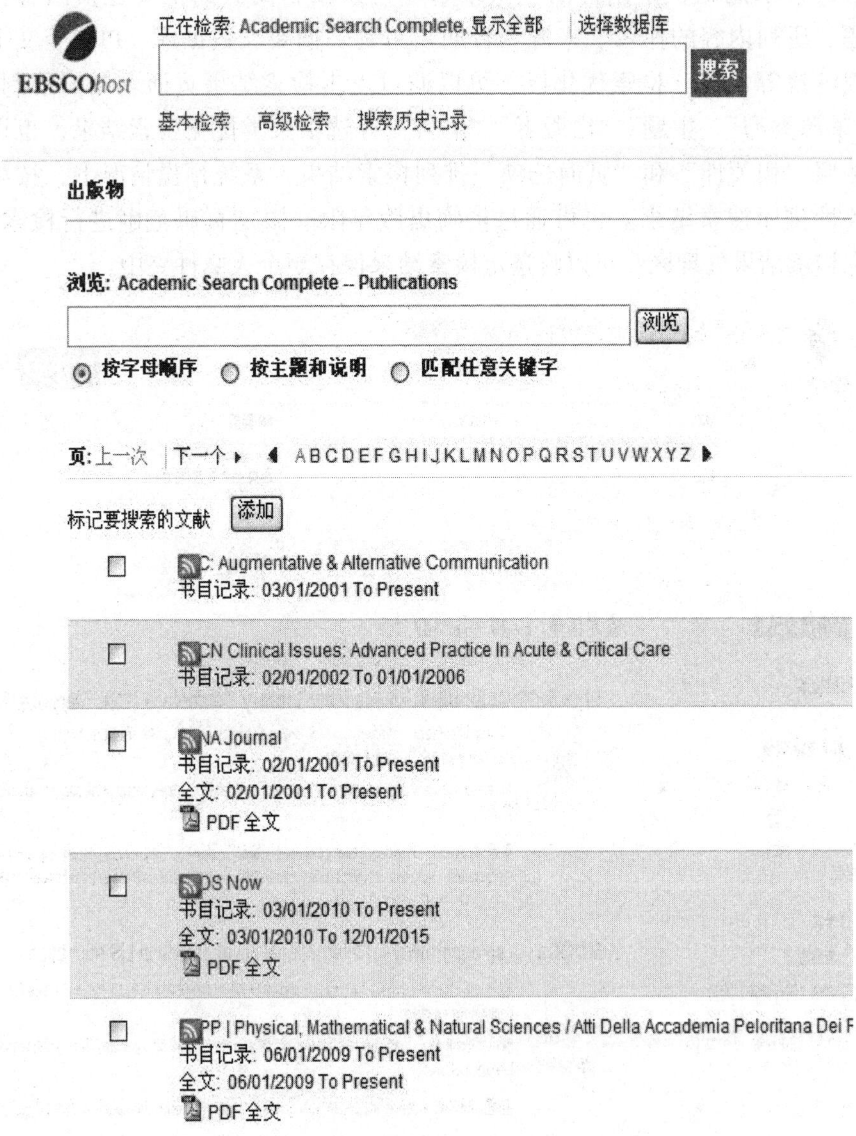

图4-8 EBSCOhost出版物检索页面（部分）

三、检索结果显示与输出

在高级检索界面输入检索词"MOOC""library"，限定为文摘检索，选择逻辑"与"组配，进入EBSCOhost检索结果页面（如图4-9）。该页面包括3个功能区：检索结果区、检索优化区、检索结果处理区。检索结果区显示满足检索条件的检索结果。检索结果的页面框架包括内容标题、所列内容的作者、来源、日期、主题、摘要、数据库、PDF全文下载链接等信息。检索优化区，可以通过点击检索结果页面左侧"限制""来源类型""主题""出版者""语言"等选项聚类优化检索结果，也可按照"相关性"和"页面选项"排列检索结果，系统预设情况下，按相关性排序搜索结果。也可通过精确出版年限、限定页码范围进行检索。在检索结果处理区，可以将选定检索结果保存至个人文件夹中。

图4-9　EBSCOhost检索结果页面（部分）

点击某一检索结果标题，可以进入某一检索结果具体信息页面。以期刊文章为例，会详细显示该文章标题、作者、来源、同行评审、出版日期、描述符、摘要、作者单位、页数、出版物类型、可用性、期刊代码、条目日期、入藏编号、数据库等信息。在检索结果右侧有"添加至文件夹""打印""电子邮件""保存""引用""导出""添加注释"等工具。支持多种格式导出，可直接导出到文献管理软件中，也可直接发送到指定的电子邮箱。

四、个性化功能

个性化功能可通过"我的EBSCOhost"账户实现。使用该功能，用户可以：保存首选项、使用文件夹组织研究、与其他人共享您的文件夹、查看其他人的文件夹、保存并检索您的检索历史记录、创建电子邮件快讯或RSS定制、远程访问保存的研究。

单击EBSCOhost工具栏"登录"按钮，登录我的EBSCOhost账户，没有账户可选择"创建新账户"。如果执行"基本检索"或"高级检索"，则可通过单击每篇文章右侧工具栏中"添加至文件夹"链接，将特定"结果列表"项目保存到个性化文件夹中。日后可仔细查看这些保存的检索结果，并将其打印、通过电子邮件发送或保存到计算机上。

第三节 ScienceDirect 数据库

一、资源介绍

荷兰Elsevier是世界领先的科学、技术、医学信息产品和服务提供商。公司不仅每年出版上千种期刊和图书，而且提供科研管理工具以及在线分析服务等一系列产品，为科研人员提供解决方案。

ScienceDirect平台是Elsevier公司为科研工作者、学生、教师以及信息从业者等提供学术性期刊和电子图书的全文数据库。ScienceDirect收录期刊3 800多种、电子图书35 000多种。ScienceDirect文献覆盖四大学科领域：自然科学与工程、生命科学、健康科学、社会科学与人文科学，涵盖了20多个学科，主要有化学工程，化学，计算机科学，地球与行星学，工程，能源，材料科学，数学，物理学与天文学，农业与生物学，生物化学、遗传学和分子生物学，环境科学，免疫学和微生物学，神经系统科学，医学与口腔学，护理与健康，药理学、毒理学和药物学，兽医科学，艺术与人文科学，商业、管理和财会，决策科学，经济学、计量经济学和金融，心理学，社会科学，等。凡订购了该数据库使用权的用户，可点击本单位图书馆主页的数据库资源（电子资源）中的Science-Direct数据库链接，或在地址栏中输入网址：http：//www.ScienceDirect.com/，即可进入ScienceDirect检索平台主页面（如图4-10）。ScienceDirect首页面提供个性化设置、检索模块、浏览模块、开放获取、热门文章、最新文献等信息和功能。个性化设置模块可以选择注册/部分建立用户账户。检索模块提供以特定检索词为检索途径的初级检索、高级检索。浏览模块提供按照学科和期刊标题进行文献的分类查找。

图4-10　ScienceDirect检索平台主页面（部分）

二、检索功能

用户可以通过浏览和检索两种检索方式获取文献。

（一）浏览（Browse）

主页面提供了按主题浏览和按标题浏览两种浏览方式。

1. 按期刊主题浏览

ScienceDirect首页面提供物理工程学（Physical Sciences and Engineering）、生命科学（Life Sciences）、健康科学（Health Sciences）、人文社科（Social Sciences and Humanities）四大主题及其下级类目的分主题列表链接，选择并单击页面浏览区域内分主题列表链接，进入ScienceDirect浏览结果显示页面（如图4-11），根据页面左侧树形结构主题列表过滤浏览结果，点击列表下方应用（Apply）按钮，即可进入该细分主题期刊及图书列表。列表默认显示标题以字母"A"为首（Titles starting with "A"），若想显示所有期刊及图书列表，选择下拉菜单中（Filter by all）。列表默认显示所有出版物（All publications）和所有获取类型（All access types），使用过程中用户可以根据需求设置相关选项。点击某一图书，可以查看图书标题、作者、ISBN号、页面内容列表及其下载链接。点击某一期刊，可以查看期刊名称、期刊介绍、投稿、分期分卷列表及下载链接等。当用户不了解期刊名称，根据学科主题浏览的方式来查找感兴趣的期刊时，可使用这种方式。

2. 按期刊标题浏览

选择并单击页面浏览区域内标题首写字母列表链接，进入浏览结果显示页面，可以根据页面左侧树形结构主题列表过滤浏览结果，点击列表下方应用（Apply）按钮，即可进入该细分主题期刊及图书列表。后续使用方法与按期刊主题浏览相同。

图4-11　ScienceDirect浏览结果（部分）

（二）检索（Search）

ScienceDirect 提供快速检索（Quick search）、高级检索（Advanced search）和专家检索（Expert search）三种检索方式，但主页面只提供快速检索、高级检索入口。

1. 快速检索

首页面即为快速检索页面（如图4-10），该界面提供6组检索框，相应的限定字段分别为：所有关键词（Keywords）、作者（Author name）、期刊或图书标题（Journal or Book title）、卷（Volume）、期（Issue）、页码（Page），用户检索时只要在对应检索框输入检索词，单击 🔍 即可进行检索。

2. 高级检索

单击首页面检索区"Advanced search"按钮，即可进入ScienceDirect高级检索界面（如图4-12）。在高级检索界面，用户可以根据选项设置文献来源，选项有所有来源（All）、期刊（Journals）、图书（Books）、参考书（Reference Works）、图像（Images），定制不同的检索界面，系统默认为所有来源。用户既可以选择在系统所有资源类型中检索，也可单独选择某一内容类型或某一学科主题的资源进行检索。

高级检索同时提供两组检索框，选择限定字段的下拉列表，如所有字段（All Fields）、摘要/标题/关键字（Abstract、Title、Keywords）、作者（Authors）、特殊作者（Specific Author）、引文标题（Source Title）、标题（Title）、关键词（Keywords）、摘要（Abstract）、参考文献（References）、ISSN 号（ISSN）、ISBN 号（ISBN）、发文机构（Affiliation）。两组检索词之间可以选择下拉菜单中逻辑算符"AND""OR""NOT"进行组配检索。在高级检索界面，检索源默认为所有，用户可以根据期刊（Journals）、图书（Books）、开放获取（Open Access articles）、主题、年份设置进一步优化检索。

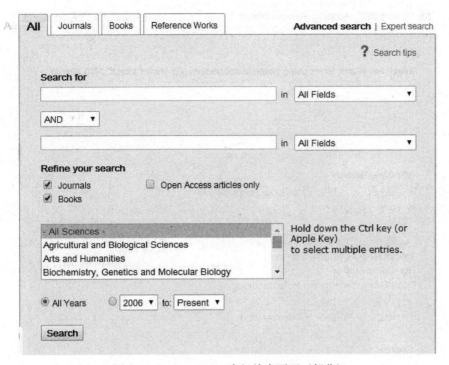

图4-12　ScienceDirect高级检索页面（部分）

3. 专家检索

点击高级检索页面右上方"Expert search"，即可进入ScienceDirect专家检索界面（如图4-13）。专家检索没有指定检索字段供用户选择，但提供一个检索框，供用户输入检索表达式进行检索。检索表达式可由多个检索项或检索词构成，各检索项与检索项之间可根据需要进行逻辑组配。所以专家检索更为灵活，适合已经掌握一定检索技能的用户使用。

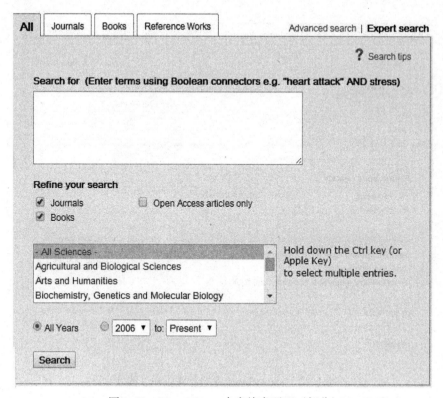

图4-13　ScienceDirect专家检索页面（部分）

三、检索结果显示与输出

在高级检索界面，在检索字段中输入"MOOC"和"library"进行逻辑"与"操作，进入ScienceDirect检索结果页面（见图4-14），该页面包括3个功能区：检索结果区、检索优化区、检索结果处理区。检索结果区显示满足检索条件的检索结果。检索结果的页面框架包括内容标题、出版物名称、卷次、期次、页码、作者、摘要信息。检索优化区，可以通过页面左侧选项如年份（Year）、出版物标题（Publication title）、主题（Topic）、内容类型（Content type），点"Apply filters"按钮进一步缩小检索范围。在检索结果列表的上方，有PDF下载链接可以进行下载，有输出选项进行设置，可以设置输出文件类型和内容，也可进行相关度排序，按获取类型条件进行筛选检索结果。检索结果处理区，可以设置检索提醒和RSS定制。

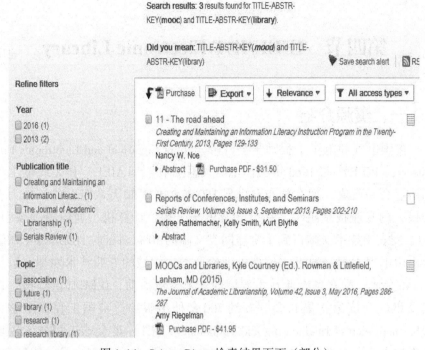

图4-14　ScienceDirect检索结果页面（部分）

点击某一检索结果标题，可以进入文献信息页面。页面上方显示出版该篇文章的出版物标题、卷次、期、页码范围。显示文章作者、作者单位、摘要等信息。页面左侧显示文章框架结构信息，对于某些复杂的实验步骤，还会提供视频，便于科研人员直观了解具体的实验操作方法。页面右侧有相关文献推荐、引文文献及相关图书内容信息。

四、个性化功能

ScienceDirect的个性化功能支持免费注册，注册用户可以获得个性化的服务。用户登录后，页面右上角会出现用户的姓名，点击姓名前加号，可以进行个人详细信息设置（Change personal detail & settings）、更改密码（Change password）、管理提醒（Manage my alerts）等服务。"个人详细信息设置"可以设置个人用户名、邮箱信息、个人提醒设置等信息。"更改密码"可以重设密码。"管理提醒"可以创建主题提醒和检索提醒，提醒定制后，系统会按照你所设定提醒的频率来查看你所设定的内容是否有所更新，并向你的邮箱发送最新的提醒信息，这一功能方便用户了解定制内容的最新进展。

第四节 IEEE/IET Electronic Library

一、资源介绍

美国电气和电子工程师学会（Institute of Electrical and Electronics Engineers，IEEE）是1963年美国电气工程师协会（AIEE）和无线电工程师协会合并而成，拥有分布在世界160多个国家40万余名会员。作为全球最大的专业技术组织，在电气及电子工程、计算机、通信等领域中，IEEE发表的技术文献占到了全球同类文献的30%。同时，IEEE每年还结集出版电气工程、通讯、计算机理论及方法领域的专业技术期刊，数量达140余册。配合各专业技术领域的学术交流活动，IEEE提供学报、技术通讯、会议论文集和会刊等约700余种出版物。英国工程技术学会（The Institution of Engineering and Technology，IET）是全球工程技术领域领先的专业学术学会，目前在全球127个国家拥有16万名会员。IET每年在全球各地举办大量国际会议和其他国际交流活动，出版500多种出版物。IET出版大量报导研究和技术发展的专业技术期刊，其中包括24种专业领域的学术期刊和1种快报期刊，均被著名的科学索引SCI，Inspec和EI收录。

IEEE/IET Electronic Library（简称IEL）是美国电气和电子工程师学会（IEEE）及英国工程技术学会（IET）所有出版物的电子版的全文数据库。该数据库收录170余种期刊与杂志、1 400余种会议录、5 100余种技术标准文档、将近2 000种电子书、400门教育课程，文献可完整回溯到1988年，最早可以回溯到1893年，部分期刊还可以看到预印本全文。IEL数据库通过IEEE Xplore平台提供信息服务，输入网址：http://ieeexplore.ieee.org/，或通过本单位图书馆主页的数据库资源（电子资源）的IEEE/IET Electronic Library数据库链接，即可进入IEEE Xplore平台首页面（如图4-15）。IEEE Xplore首页面提供浏览、个性化设置、获取帮助、检索以及即将出版和最受欢迎的期刊杂志、会议出版物、标准、图书、课程的显示与链接等信息。

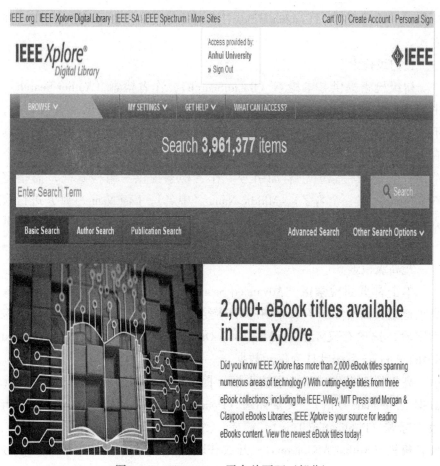

图4-15 IEEE Xplore平台首页面（部分）

二、检索功能

用户可以通过浏览和检索两个方式获取文献。

（一）浏览（Browse）

主页面提供了按文献类型（书/电子书、会议出版物、课程、期刊/杂志、标准）和按照内容主题的浏览入口，点击首页浏览选项下拉箭头 **BROWSE ∨** 即可进入。

（二）检索（Search）

IEEE Xplore 提供了初级检索（Search）、高级检索（Advanced

Search)、命令检索（Command Search）、引文检索（Citation Search）4种方式。

1. 初级检索

初级检索提供基本检索（Basic Search）、作者检索（Author Search）、出版物检索（Publication Search）三个选项。基本检索提供一组检索框，不指定具体检索字段，检索字段默认值为元数据而非全文。初级检索具有自动检索词根变化功能，输入两个单词时，默认为"与"操作，两个单词作为词组检索时，需加引号。作者检索提供三组检索框，需指定First Name（第一个名字）、Middle Name（中名）、Last Name（姓）进行检索。出版物检索提供三组检索框，需指定出版物标题、期、卷、起始页码进行检索。

2. 高级检索

单击首页面检索区"Advanced Search"按钮，即可进入IEEE Xplore高级检索页面（如图4-16）。在高级检索页面，用户可以根据选项设置检索字段，选项有仅元数据（Metadata Only）、全文以及全数据（Full Text & Metadata），系统默认为仅元数据。

高级检索提供三组检索输入框，提供限定字段的下拉列表，如仅元数据（Metadata Only）、文章标题（Document Title）、作者（Authors）、出版物标题（Publication Title）、摘要（Abstract）、索引词（Index Terms）、作者机构（Author Affiliations）、开放获取号（Accession Number）、文章号（Article Number）、作者（Author Keywords）、DOE词（DOE Terms）、DOI、标准ICS词（Standard ICS Terms）、IEEE词（IEEE Terms）、INSPEC控制词（INSPEC Controlled Terms）、INSPEC非控制词（INSPEC Non-Controlled Terms）、ISSN号（ISSN）、ISBN号（ISBN）等，任意两个检索词之间可以选择逻辑算符"AND""OR""NOT"进行组配检索。在高级检索页面，用户可以根据内容来源、出版物、出版物年份设置进一步优化检索。

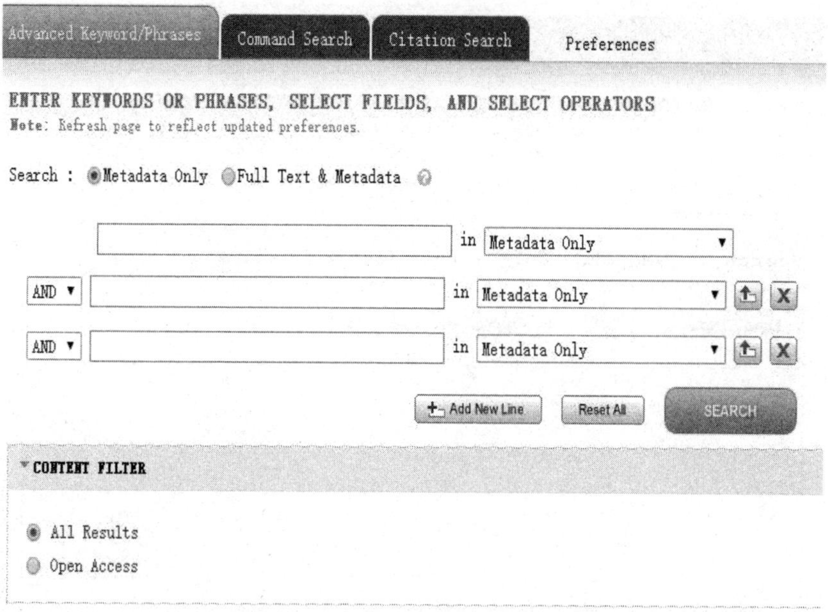

图4-16 IEEE Xplore高级检索页面（部分）

3. 命令检索

单击首页面检索区"Other Search Options"选项中"Command Search"按钮或高级检索页面中"Command Search"选项卡，即可进入IEEE Xplore命令检索页面（如图4-17）。命令检索提供一组检索框，用于输入不超过15个检索词的检索式。

4. 引文检索

单击首页面检索区"Other Search Options"选项中"Citation Search"按钮或高级检索页面中"Citation Search"选项卡，即可进入 IEEE Xplore引文检索页面（如图4-18）。引文检索提供 DOI、出版物标题、期、卷、起始页、文章标题、作者、年份、终止页的组配检索。

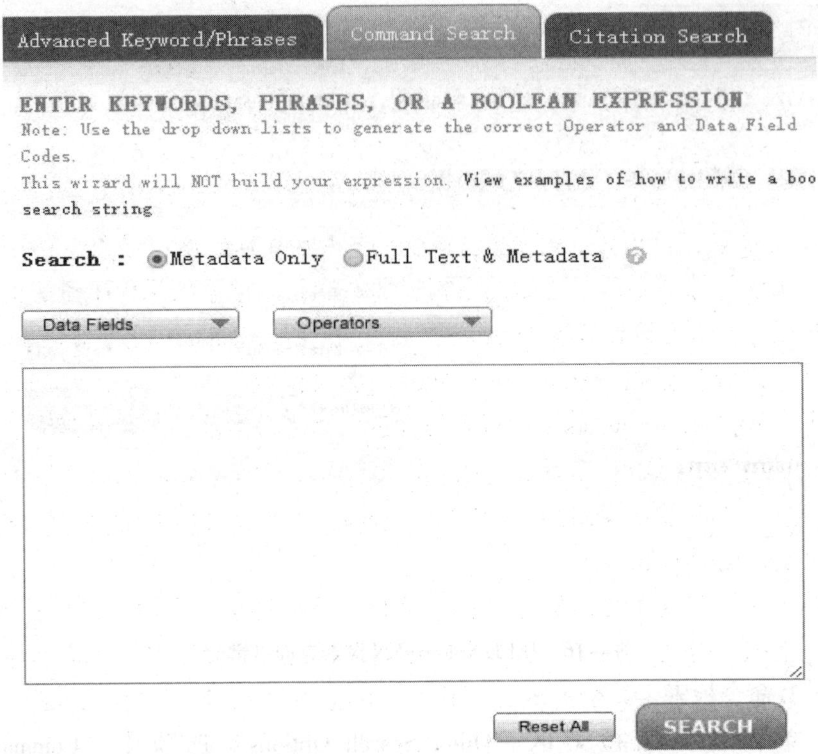

Advanced Keyword/Phrases　　Command Search　　Citation Search

ENTER KEYWORDS, PHRASES, OR A BOOLEAN EXPRESSION

Note: Use the drop down lists to generate the correct Operator and Data Field Codes.

This wizard will NOT build your expression. View examples of how to write a boo search string

Search : ●Metadata Only　○Full Text & Metadata　◎

Data Fields ▼　　Operators ▼

Reset All　　SEARCH

图4-17　IEEE Xplore命令检索页面（部分）

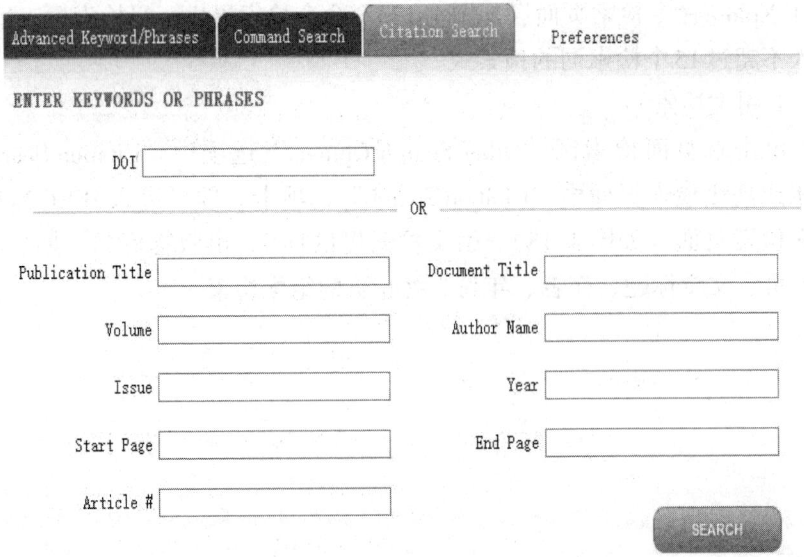

Advanced Keyword/Phrases　Command Search　Citation Search　Preferences

ENTER KEYWORDS OR PHRASES

DOI

—————————— OR ——————————

Publication Title　　　　　　　Document Title

Volume　　　　　　　Author Name

Issue　　　　　　　Year

Start Page　　　　　　　End Page

Article #

SEARCH

图4-18　IEEE Xplore引文检索页面（部分）

三、检索结果显示与输出

在高级检索页面，在检索字段Metadata Only中输入"MOOC"和"library"进行逻辑"与"操作，出现IEEE Xplore检索结果页面（如图4-19）。在检索结果列表的上方，可以设置显示类型，检索结果全部显示或者开放获取，也可进行相关度排序，排序类型有最近、最久、引用频次、出版物标题字母。检索结果列表的左侧，有检索结果中检索的检索词对话框，也可设置选项如年份（Year）、作者（Author）、机构（Affiliation）、出版物标题（Publication Title）、会议位置（Conference Location），点击"Apply Refinements"进行聚类检索，缩小检索范围。检索列表会列举检索结果的标题、作者、时间、内容类型、摘要、PDF下载链接等文献信息。单击题名或Abstract中"View more"，可打开检索结果的文献信息页面（如图4-20）。

文献信息页面提供标题、作者信息、下载链接，页面还提供摘要、参考文献、引文、关键字、期次、相似文献选项卡，用户可以根据需要进行选择。另外，系统提供引文下载、发送到邮箱、打印等输出方式。

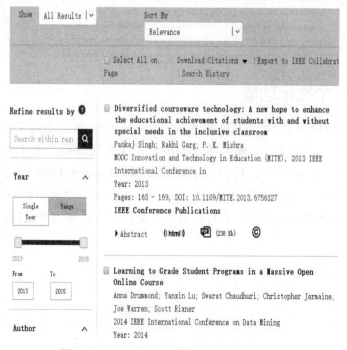

图4-19　IEEE Xplore检索结果页面（部分）

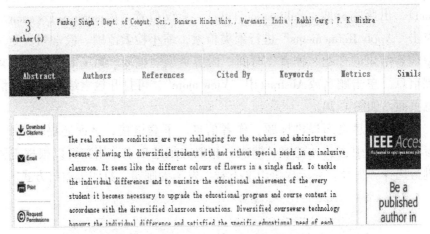

图 4-20　IEEE Xplore 文献信息页面（部分）

四、个性化功能

　　所有用户可以点击主页面上的"Create Account"创建个人账号，IEEE会员可以通过会员账号登录。用户在注册登录后，在主页面"MY SETTINGS"选项卡中，可以设置内容提醒（Content Alerts）、我的项目（My Projects）、检索提醒（Search Alerts）、用户偏好（Preference）、检索历史（Search History）等，系统将提供更新信息发送到用户设置的邮箱。

第五节　Web Of Science™

一、资源介绍

Web of Science™（简称WOS）是美国《科学引文索引》（Science Citation Index，SCI）网络版数据库，是由美国 Thomson Reuters（汤姆·路透集团）开发的基于 ISI Web of Knowledge 平台的综合性文摘索引数据库，由7个子数据库组成，即科学情报研究所（Institute for Scientific Information，简称 ISI）的3个引文库（SCI/SCIE、SSCI 和 A&HCI）、2个会议录索引数据库（CPCI-S、CPCI-SSH）和2个化学信息事实性数据库（CCR 和 IC）。

2014年，Web of Knowledge 检索平台更名为 Web of Science™，原 Web of Science 数据库更名为 Web of Science Core Collection，即 Web of Science™ 核心合集，平台新增 SciELO Citation Index、OA 期刊文章的精选功能、Google Scholar 的链接功能，检索结果中增加 ESI 高被引与热点论文的标识，摘要页面可以直接了解期刊的学科分类及分区信息，可以直接实现关键词的二次检索。

Web of Science™核心合集数据库收录了 10 000 多种世界权威的、高影响力的学术期刊，内容涵盖自然科学、工程技术、生物医学、社会科学、艺术与人文等领域，最早可回溯至 1900 年。Web of Science™核心合集收录了论文中所引用的参考文献、并按照被引作者、出处和出版年代编成独特的引文索引。不仅支持学术期刊、发明专利、化学反应、学术专著、学术分析与评价工具、学术社区等检索，而且提供知识发现与管理工具，包括跨库跨平台的 CrossSearch、独特的引文检索、检索、化学结构检索、基于内容与引文的跨库交叉浏览、检索结果的信息分析、定题跟踪 Alerting 服务、检索结果的信息管理（EndNote®，Reference Manager®，ProCite®，WriteNote）等，帮助研究人员迅速深入地发现自己所需要的信息，把握研究发展的趋势与方向。

在我国凡是已经购买了 Web of Science™使用权的用户，如高校可以点击本校图书馆主页的数据库（电子资源）导航系统中 Web of Science™链接，或在地址栏中输入网址 www.webofscience.com，即可进入 Web of Science™检索平台首页（如图4-21）。

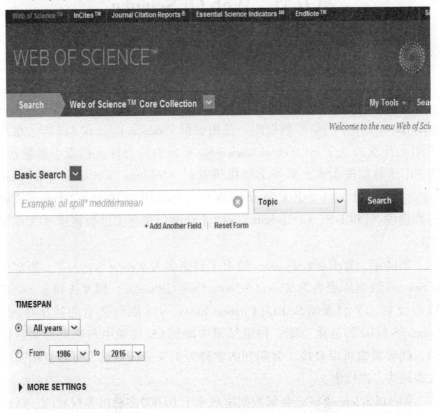

图4-21　Web of Science™检索平台首页（部分）

二、检索功能

在 Web of Science™的默认检索页面中，数据源为 Web of Science™核心合集数据库，用户可以根据检索需要选择该平台上集成的其他数据库。默认检索方式为指定检索字段的基本检索（Basic Search）。单击基本检索的下拉列表，系统提供了作者检索（Author Search）、被引参考文献检索（Cited Reference Search）、化学结构检索（Structure Search）及高级检索（Advanced Search）4种检索方式，用户可通过单击下拉列表按钮在4种检索方式中切换。检索页面中部是数据库年代的选择。这里的"时间"是数据收录的时间，即文献被加工进数据库的时间，而不是文献的出版时间。

（一）基本检索

基本检索是系统默认的检索途径。系统提供一组检索框，提供限定字段的下拉列表，可以选择的字段有：主题、作者、团体作者、出版物名称、出版年、地址、基金来源机构、授权号码。用户可以根据检索需要增加检索字段，一个检索页面不得超过25个检索字段。各检索项之间可以根据需要进行逻辑组配，单个检索项中的多个检索词之间也可以进行逻辑组配。

（二）作者检索

在Web of Science™检索平台首页，点击检索下拉按钮■，选择作者检索，进入Web of Science™作者检索页面（如图4–22）。作者检索提供两组检索框，检索词分别限定为姓名（Last Name/Family Name）和姓名首写字母［Initial（S）］，字母不得超过4个字符。可以根据需要增加作者姓名（Add Author Name Variant），点击"Finish Search"按钮，还可进一步设置研究领域（Select Research Domain）和机构单位（Select Organization）优化检索结果。

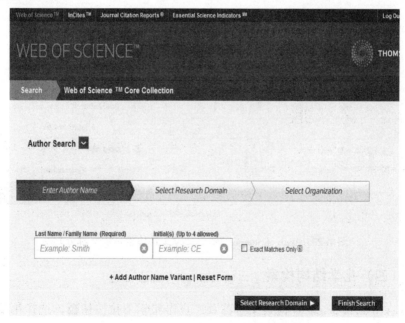

图4–22　Web of Science™作者检索页面（部分）

（三）被引参考文献检索

该检索方式是Web of Science™区别于其他文献数据库的最独特之处，即从被引用文献的作者及被引用的期刊、被引用文献的年代查找引用过的作者及其文献。

在Web of Science™检索平台首页，点击检索下拉按钮▾，选择被引参考文献检索，进入Web of Science™作者检索页面（如图4-23）。该页面提供三组检索框，通过下拉菜单来限定检索词出现的字段，如被引作者（Cited Author）、被引作品（Cited Work）、被引年份（Cited Year）、被引卷（Cited Volume）、被引期（Cited Issue）、被引页（Cited Pages）、被引标题（Cited Title）。

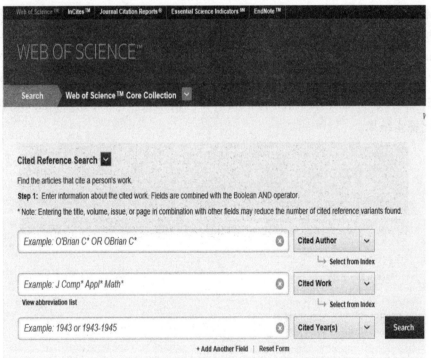

图4-23　Web of Science™被引参考文献检索页面（部分）

（四）化学结构检索

在Web of Science™检索平台首页，点击检索下拉按钮▾，选择化学结构检索，进入化学结构检索页面。该页面提供结构图绘制框、化学数据输入、反应数据输入三大模块。用户可根据需要输入相应检索词及检索式进行检索。

（五）高级检索

在 Web of Science™检索平台首页，点击检索下拉按钮█，选择高级检索，进入 Web of Science™高级检索页面。该页面提供一组检索框，供用户输入检索项。检索框下方可以对检索结果在语言和文档类型方面进行限定，也可设置数据库，限定查询的范围。高级检索页面右侧提供字段限定的标识符，便于用户编制检索式。

三、检索结果显示与输出

在 Web of Science™检索平台首页的基本检索框中输入检索词"mooc"，限定主题字段检索，单击检索，出现 Web of Science™检索结果页面（如图4-24）。检索结果页面左上方显示检索结果数量和检索式，检索结果左侧提供类别、文献类型、研究方向、作者等选项可以限定检索结果，在检索结果列表上方提供排序方式，如出版日期（降序）、出版日期（升序）、被引频次（降序）、被引频次（升序）、相关性、第一作者（升序）、第一作者（降序）、来源出版物名称等，用户可以根据被引频次快速锁定高影响力的论文。点击检索结果页面右侧"Analyze Results"和"Create Citation Report"按钮，可以分析检索结构和创建引文报告。选中检索结果，可以选择输出形式，也可打印和发送到电子邮件。

选择某一检索结果，点击文献标题，进入 Web of Science™的文献信息页面（如图4-25），该页面显示文献标题、作者、卷、期、页、DOI、出版年、摘要、关键词等详细信息。点击"Full Text Options"，显示图书馆馆藏信息。页面右侧显示被引频次、引文、查看引证关系图、创建引文跟踪等功能。

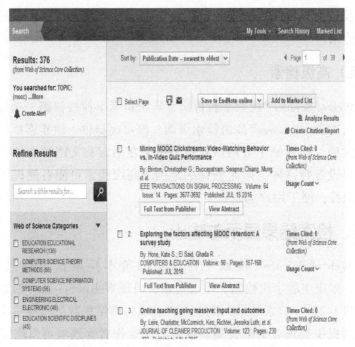

图4-24　Web of Science™检索结果页面（部分）

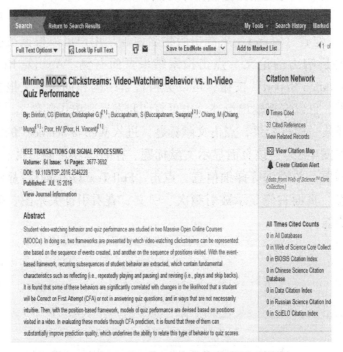

图4-25　Web of Science™文献信息页面（部分）

四、个性化服务

Web of Science™提供定题跟踪和引文跟踪服务，该项服务可将有关检索课题的最新文献信息自动发送到个人的电子邮箱。

在检索结果页面左侧点击"Create Alert"可创建跟踪服务，用户需要以个人账号登陆，登陆后用户可以保存检索历史，设置检索历史名称、电子邮件跟踪选项，保存成功后可将定题检索相关的最新结果发送到指定的邮箱中，有效期为半年，到时间后可以续订，支持 RSS Feed。

在文献信息页面右侧点击"Create Cited Alert"可创建引文跟踪服务。可以设置电子邮件地址、电子邮件格式等选项，对某篇重要的文章做了引文跟踪服务后，每当有新的施引文献时，系统就会自动发送到用户指定的电子邮箱，用户也可以通过这种方式了解自己文章的最新进展。

第六节　Ei Compendex

一、资源介绍

Ei Compendex 是目前全球最全面的工程领域二次文献数据库，是美国《工程索引》（The Engineering Index，简称 EI）的网络版，侧重提供应用科学和工程领域的文摘索引信息，涉及核技术、生物工程、交通运输、化学和工艺工程、照明和光学技术、农业工程和食品技术、计算机和数据处理、应用物理、电子和通信、控制工程、土木工程、机械工程、材料工程、石油、宇航、汽车工程以及这些领域的子学科。其数据来源于 5 000 多种工程类期刊、会议论文集和技术报告，包含 1969 年至今的 2 000 多万条记录，每年新增约 25 万条记录。

Engineering Village 2 是由美国工程信息公司（the Engineering Information Corporation，简称 EI）继 Engineering Village 1 推出的网络信息服务平台，它提供多种工程方面数据库的检索服务，其中主要数据库是 Ei Compendex。

在我国，凡是已经购买了 Ei Compendex 使用权的用户，可以通过本校图书馆主页的数据库（电子资源）导航系统，点击 Ei Compendex 链接进入（如图4-26）。

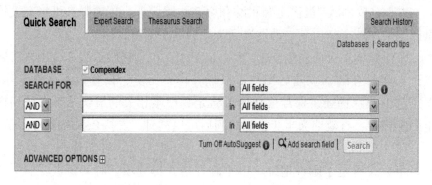

图4-26　Ei Compendex 主页面（部分）

二、检索功能

Engineering Village 2 检索平台提供三种检索页面快速检索（Quick Search）、专家检索（Expert Search）和叙词检索（Thesaurus）。单击页面上的导航标签即可在三种检索方式之间切换。快速检索是系统默认的检索方式，也是用户经常使用的检索方式。

（一）快速检索（Quick Search）

在快速检索首页面，系统提供3个检索框和检索字段选项，用户可以根据选项设置检索字段，检索字段选项为全部著录项目（All Fields）、主题/标题/摘要（Subject/Title/Abstract）、作者（Authors）、作者机构（Author Affiliations）等，任意两个字段之间可以选择布尔逻辑算符"AND""OR""NOT"进行组配。

在检索首页面的下侧提供检索条件的限制，如文献类型（All Document types）、处理类型（All Treatment）、语种限定（All Languages）、时间限定（Time Limited）、更新数据（Updates），还提供指定条件的排序，可以按照相关性（Relevane）和出版年限（Publication Year）排序。在快速检索中，系统自动执行词根检索（除作者字段）。如：输入 management 后，系统会将 managing、manager、manage、managers 等检出。若取消该功能，需勾选检索首页下侧的"autostemming off"选项，关闭自动取词干功能。

检索页面右侧的 Browse Indexes 区域，可提供从作者（Author）、作者单位（Author Affiliation）、控制范围（Controlled Term）、刊名（Serial Title）、出版者（Publisher）等途径来浏览检索。

（二）专家检索（Expert Search）

点击 Ei Compendex 检索首页上方"Expert search"选项，即可进入（如图 4-27）。专家检索没有提供具体检索字段供用户选择，但提供一组检索框，供用户输入检索表达式进行检索。检索表达式可由多个检索项或检索词构成，各检索项之间可根据需要进行逻辑组配。所以，专家检索更为灵活，适合掌握一定检索技能的用户使用。

在专家检索中，用户采用"within"命令（缩写：wn）和检索字段码编制检索式，检索字段编码显示在专家检索页面下方"Search Codes"中，检索式格式为"｛检索词或词组｝wn 检索字段代码"。例如：computer wn TI，将检索出题目中含有 computer 的文献；若没有字段限制，系统默认在全字段检索。在检索式中，可以同时完成各种限定。

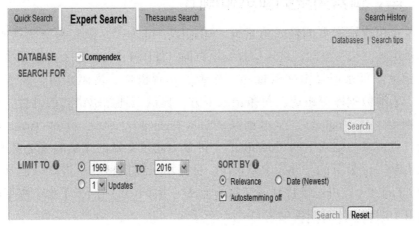

图 4-27　Ei Compendex 专家检索页面（部分）

在专家检索中，系统不自动进行词干检索。若做词干检索，需在检索词前加上"Y"符号。如：Ymanagement 可检索到 managed， manager，managers， managing， management 等词。

（三）叙词检索（Thesaurus）

叙词检索（Thesaurus）包含了 Compendex 的 INSPEC 控制词表，相当

于一个联机叙词表，清晰地展示了所查找叙词的广义词、狭义词、相关词等词之间的关系，可供从主题词进行导航式的选词检索。点击 Ei Compendex 检索首页面上方 "Thesaurus Search" 选项，即可进入（如图4-28）。叙词检索提供一组检索框供用户输入检索词，系统提供主表查询（Search）、精确查询（Exact Term）、浏览查询（Browse）三种检索方式，主表查询可判断被检索词在叙词表中的正确表达方式。精确查询用以判断输入词是否为叙词表中的词。浏览查询是按字顺查询。

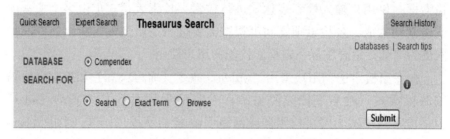

图4-28　Ei Compendex 叙词检索页面（部分）

三、检索结果的显示和输出

在快速检索页面输入检索词 "MOOC" "library"，限定为文摘检索，选择逻辑 "与" 组配，进入检索结果页面（如图4-29），每个页面显示25条记录。每条记录由文献标题、作者、作者机构、文献来源、发表时间、来源数据库等组成。每条记录下方，提供三种显示格式的链接，即详细记录（Detailed）、显示预览（Show Preview）、全文（Full-Text）链接。点击某一记录下的 "detailed"，可显示此条文献的完整的著录格式。点击某一记录下的 "Show Preview"，可显示文摘信息。点击某一记录下的 "Full-text" 可以链接到该文献的全文（本单位已经购买了全文数据库或电子期刊，才可阅读全文）。

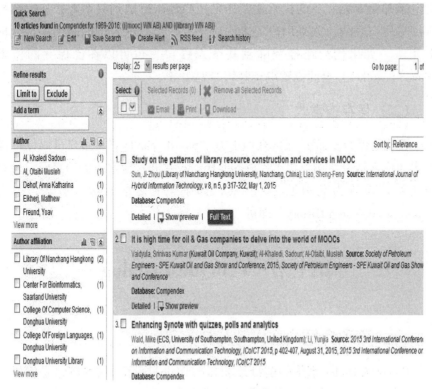

图 4-29　Ei Compendex 数据库检索结果页面（部分）

当检索结果不符合用户的需要时，可以通过 "Add a term" 进行二次检索。也可通过 "Refine Results" 列表选项，如作者、作者单位、受控词、分类号、国家、文档类型、语言、来源标题、出版者，优化检索结果。选中检索结果，检索结果可以通过电子邮箱发送、打印、下载等形式输出。

四、个性化服务

（一）电子邮箱专题服务

电子邮箱专题服务最多可发送 25 条记录，如果在更新中检索到超过 25 条记录，在电子邮箱专题服务中将出现一个超级链接，点击它将链接到 Engineering Village 2，就可查看所检索的全部新记录。要在检索历史记录中创建电子邮箱专题服务，需先在 Engineering Village 2 网页点击导航工具条，选择检索历史（Search History），然后在复选框中选中用户想设置为电子邮箱专题服务的检索式。如果用户还未登陆到其个人账户，系统将提示用户登陆。如果用户还未注册个人账户，系统将询问用户是否现在注册。如果用户已经登陆到其个人账户，也可以在已保存的检索（Saved Searches）页面设置电子邮箱专题服务。

（二）保存检索式

在检索结果页面，点击页面上方"Saved Searches"，用户可以保存检索式和检索结果。用户单击"Search History"进入检索历史的界面，检索历史默认设置为显示近3次检索，如果想看之前的所有检索，单击"View Saved Search History"即可。

第七节 ProQuest Dialog

一、资源介绍

ProQuest Dialog 系统的前身是著名的 Dialog 国际联机系统，是世界上最大、历史最悠久的联机检索系统，现隶属于美国的 ProQuest 公司。Dialog 最早创立于1963年，它由美国洛克希德公司所属的一个情报科学实验室研制开发。1972年开始提供商用联机服务。1981年6月，创建 Dialog 信息服务公司，成为美国洛克希德公司的子公司，独立运作。1988年，Dialog 被美国 Knight-Ridder 新闻公司收购，1997年被英国 M.A.I.D 公司收购，2000年被 Thomson 公司收购，2008年6月，Dialog 系列产品被英国剑桥信息集团成员 ProQuest 收购，成立新的检索平台，即 ProQuest Dialog（PQD）。

Dialog 系统拥有涉及各行业、各学科的数据库900个左右，经常使用的重要数据库多达600个，数据记录超过20亿条。其数据库类型主要有：文献型、数值型、名录字典型、全文型。收录的专业信息范围广泛，有科学技术、知识产权、能源与环境、医学、制药、化学、食品与农业、社会科学、政府和法规、商业与金融、新闻、参考信息等。

已订购 ProQuest Dialog 的机构，可以通过本单位图书馆主页数据库（电子资源）链接，或在地址栏中输入网址 http：//dialog.proquest.com/professional/login，即可进入 ProQuest Dialog 系统，用户可以自行选择页面显示的文字语言。

二、检索功能

ProQuest Dialog 提供三种检索方式：基本检索、高级检索、命令行。系统默认基本检索方式。用户可以通过点击检索页面"数据库"链接，选择一个或多个数据库检索，默认检索全部行业的所有非专利数据库。

（一）基本检索

该页面提供一个检索框供用户输入检索词，点击 🔍 按钮，即可进行检索，默认为在所选的全部数据库中的所有字段中查找。在检索框下方提供全文文献、同行评审、学术期刊三个限定条件复选框。选中"全文文献"可以查找含有完整全文文献的记录，选中"同行评审"可将搜索范围限制在已由同一领域的人评估过的研究内，以保持质量。选择"学术期刊"，则从学术性期刊上查找文献。

（二）高级检索

点击"高级检索"，显示高级检索、以引文查找全文、查找相似内容的3个选项。

1. 高级检索

选中"高级检索"进入高级检索页面（如图4-30）。高级检索提供3个检索框和检索字段选项，用户可以根据选项设置检索字段，检索字段选项为所有字段、出版物名称、文档标题、文档全文、摘要、分类、收录号等，任意两个字段之间可以选择布尔逻辑算符"AND""OR""NOT"进行组配。在检索框下方提供限定条件、出版日期、已更新、出版物类型等检索选项供选择。

图4-30　ProQuest Dialog高级检索页面（部分）

2.以引文查找全文

选中"以引文查找全文"，进入以引文查找全文检索页面。需要输入文档标题、作者、出版物名称、ISSN、ISBN等信息。

3.查找相似内容

选中"查找相似内容"，进入查找相似内容检索页面，该页面提供一个检索框供用户输入大段文本。在该框中可输入或复制、粘贴大段文字（最好50个词或以上），单击检索后，系统将评估这段文字，根据它的判断确定关键词，并返回包含相似文献的检索结果列表。

（三）命令行

点击"命令行"，进入命令行检索页面（如图4-31）。命令行检索提供一个检索框供输入检索式。检索式编制过程中可使用逻辑算符、位置算符、通配符、截词符及系统规定的其他符号；也可以指定检索字段，如不指定，默认在所有字段中检索；检索词间的空格默认为"AND"关系。检索框上方的"添加检索字段""词库"等选项可以辅助检索式的编制。

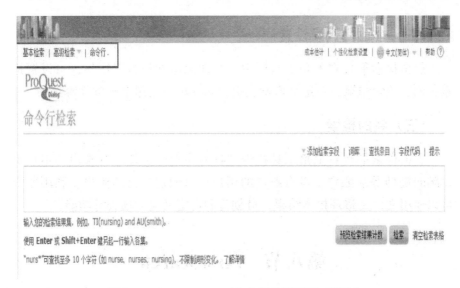

图4-31 ProQuest Dialog命令行检索页面（部分）

三、检索结果显示与输出

在高级检索页面的检索框中输入检索词"fiber optic""sensor"，限定检索范围为标题，做布尔逻辑"AND"操作，检索结果会以详细列表方式显示。检索结果中，关键词将以黄色字体突出显示，能方便地对检索结果进行初步判断。检索结果列表右侧提供排序方式，自动排除重复文献，以及同行评审、学术期刊、出版物类型等选项进行二次筛选。

选中检索结果条目前方框，点击检索结果列表右上角"导出/保存"按钮，系统提供多种文献导出格式，如Word、Excel、Endnote、Refworks、PDF、XML等。系统提供多种文献导出内容，如KWIC、简明引文、引文摘要、自定义字段等。

四、个性化服务

（一）成本估算

点击检索平台右上角工具栏中"成本估算"标签，可显示检索时间、日期、估算成本费用等信息。

（二）个性化检索设置

点击检索平台右上角工具栏中"个性化检索设置"标签，可设置检索页面、检索结果、自定义检索、引文和导出、发送电子邮件等选项。

（三）我的检索

点击检索平台右上角工具栏中"我的检索"标签，有账户的用户可以随时随地登录账户，没有账户的用户可以创建自己的账户。利用账户可以使用文件夹整理检索结果，可创建和自定义定题通告等功能。

第八节　FirstSearch

一、资源介绍

OCLC是联机计算机图书馆中心的英文简称，总部设在美国的俄亥俄州，是世界上最大的提供文献信息服务的机构之一，它是一个非赢利性的组织，以推动更多的人检索世界上的信息、实现资源共享并减少使用信息的费用为主要目的。

FirstSearch是OCLC面向最终用户设计的联机检索系统。利用First-Search可检索覆盖艺术和人文学科、综合和参考、工商管理和经济、生命科学、会议和会议录、医学和健康学、消费者事务和人物、新闻和时事、教育、公共事务和法律、工程和技术、社会科学、普通科学13个主题领域的80多个数据库。

从1999年开始，中国高等教育文献保障系统（CALIS）全国工程中心订购FirstSearch的基本组数据库。FirstSearch基本组数据库是将FirstSearch中最受图书馆欢迎的13个子数据库整合在一起。。

已订购FirstSearch的机构，可以通过本单位图书馆主页数据库（电子资源）链接，或在地址栏中输入网址http：//firstsearch.oclc.org/，即可进入FirstSearch系统。

二、检索功能

进入 FirstSearch 检索系统，在检索文献之前，首先应该设置数据库。FirstSearch 支持多库检索，但数据库数量不能超过 3 个。数据库设置可以从所有数据库、按主题分类的数据库与推荐最佳数据库三方面进行选择。点此"数据库"选项下的"所有数据库"，可以查看数据库的更新时间及各库的详细介绍。点击"列出按主题分类的数据库"，选择主题范围，将列出按主题分类的数据库。点击"推荐最佳数据库"，可以根据输入检索时最佳数据库所包括的词及其主题范围列出数据库。

FirstSearch 提供四种检索方式：基本检索、高级检索、专家检索、历次检索。我们在这里介绍前三种检索方式。

（一）基本检索

点击检索页面左侧的"基本检索"按钮，即可进入检索页面，基本检索提供 5 组检索框，分别限定字段为关键词、著者、题名、资料来源、年。输入著者姓名时，姓在前，名在后。请参见图 4-32。

（二）高级检索

点击检索页面左侧的"高级检索"按钮，即可进入高级检索页面。该界面提供 3 组检索框，用户根据检索需要可在一个或多个检索框中输入检索词，并从对应的检索框右侧的下拉菜单中选择检索途径和各检索框之间的布尔逻辑算符；在"限制内容"框选择限制项或输入限制信息（如限制检索年代、文献类型、文献语种等，限制检索因数据库不同而异）；可选择对检索结果的排序方式，最后点击"检索"按钮进行检索。

（三）专家检索

点击检索页面左侧的"专家检索"按钮，即可进入专家检索页面。专家检索只提供一组检索框供用户输入检索式，检索式可使用系统支持的所有检索算符来构造。可以从"索引项目"后面的下拉菜单了解可检途径，最后点击"检索"按钮进行检索。专家检索适用于熟练运用布尔逻辑算符、位置算符、字段代码的用户，运用专家检索可以更好地表达检索课题中检索词之间的关系。

三、检索结果显示与输出

检索结果以题录格式显示，即显示命中记录的篇名、作者、资料来源、图书馆馆藏等信息。点击题名链接，浏览详细书目记录。点击"查看HTML格式全文"，可以查看网页版全文信息。点击"查看PDF格式全文"，可以查看PDF格式全文。

选中检索结果条目前方框，点击检索结果列表上方"电子邮件""打印""输出"按钮，选择输出方式。

四、个性化功能

FirstSearch提供保存检索策略、回顾检索历史、组合检索、永久保存记录等个性化服务。使用个性化服务前需要先建立个人账户。使用时，已注册用户要先登录，使用"OCLC用户确认"来建立或者进入现有的个人FirstSearch账号。

（一）保存检索策略

用户可以在"记录列表"页面保存当前的检索策略，保存的检索在下一次登录后可直接调用并获得检索结果，或通过"历次检索"查看，可以将当前的检索策略与以前保存的检索策略进行组配检索。

（二）保存记录

FirstSearch仅从WorldCat数据库检索的标记记录才可以永久保存。"已保存记录"页面允许用户组织、检索和维护永久保存到FirstSearch的记录，在"已保存记录"中还可进行查看、打印和建新文件夹、删除文件夹、移动记录到另一文件夹、删除记录等操作。

【案例分析】

案例一

对ScienceDirect、EBSCO、Springer Link三个数据库的检索结果进行比较分析。

对于碳纳米管（Carbon nanotube）的研究始于20世纪90年代初，最初是对化工材料的研究，如今已经涉及自然科学的各个领域。自1992年以来，对碳纳米管的科研活动始终处于活跃状态，这里我们通过对Elsevier ScienceDirect、EBSCO和Springer Link三个常用的全文数据库检索，对其检索结果进行比较，了解各数据库的资源收录情况。

检索途径选择"题名（Title）"，年限限制在1997—2015，检索词Carbon nanotube。

其检索结果如表4-1所示。

表4-1　第四章案例一检索结果

Elsevier ScienceDirect	EBSCO	Springer Link
18 343	39 172	375

其中ElsevierScienceDirect检出的文献如下：

Journal：18 134篇

Book：258篇

Reference word：14篇

我们从Springer Link检索结果的学科分类得知，375篇文献中涵盖了：

Chemistry （175）　　　化学（175）

Materials （154）　　　材料（154）

Physics （122）　　　物理学（122）

Engineering （120）

Computer Science （47）

案例二

利用Web of Science™跟踪把握课题的发展方向和趋势。

近年来，大规模开放在线课程（Massive Open Online Course，简称MOOC）作为新兴教育形态在我国发展态势势如破竹，MOOC与我国之前传统课程教育在教学对象、教育模式、教学方式、学习方式、教学管理体制等方面有着明显差异。MOOC教育的兴起和发展丰富了高校图书馆信息服务资源，也给高校图书馆带来了机遇和挑战。下面，我们利用Web of Science™探索MOOC在图书馆领域的发展方向和趋势。

第一步，分析检索需求，确定检索词。在基本检索页面的检索框中输入"MOOC"或"Massive Open Online Course"，检索途径选择"主题（Topic）"。

第二步，优化检索结果。利用检索结果页面左侧"Web of Science 类别"选项，可以快速锁定特定学科领域论文。利用检索结果页面左侧"文献类型"选项，选择相关排序方式，可以快速检索到高影响力和最新的综述。

第三步，分析检索结果。点击检索结果页面右侧"分析检索结果"选项，按出版年排序，可了解课题的发展趋势以及判断课题的发展阶段。按著者排序，可发现该领域的高产出研究人员等相关信息。点击检索结果页面右侧"创建引文报告"选项，可显示每年出版的文献数和每年的引文数，也可迅速锁定相关领域内的高影响力或高热点论文。

【复习思考题】

1. 检索工程类的文献可以利用哪些数据库？

2. 检索人文社科类的文献可以利用哪些数据库？

3. 利用 Elsevier ScienceDirect、EBSCO 检索信息管理、图书和情报学方面的外文期刊刊名。

4. 以上介绍的数据库中，哪些数据库提供引文检索途径？哪些数据库提供主题词检索途径？

第五章 特种文献检索

【内容概要】

特种文献是指出版发行和获取途径都比较特殊的科技文献，具有重要的科技价值。本章第一节介绍了国内外专利网络数据库的检索方法。第二节重点介绍CALIS高校学位论文库和ProQuest国际学位论文数据库的检索方法。第三节详细介绍Conference Paper Index（CPI）数据库和Proceedings.com网络数据库的检索方法。第四节介绍了标准文献及其检索。第五节介绍了科技报告及其检索。

【要点提示】

● 国内外专利网络数据库的编排结构与检索方法

● CALIS高校学位论文库和ProQuest国际学位论文数据库的检索方法

● Conference Paper Index（CPI）和Proceedings.com会议数据库的检索方法

● 标准文献的检索方法

● 科技报告的检索方法

第一节 专利信息及其检索

长期以来，专利信息在全球技术信息来源中占据比重最大，是唯一能够将全部技术核心公开的信息资料。通过对专利信息的分析，能够追踪最新技术动态、研究行业技术发展趋势、分析竞争对手的技术重点等。擅于利用专利信息的人，既可以缩短研究时间，又可以节省研究经费。对专利信息的利用越来越为社会所关注和重视。

2015年，世界知识产权组织公布，该组织2014年从全球收到约270万件专利申请，比2013年多出4.5%。其中，来自中国的申请约92.8万件。当时，世界知识产权组织表示：中华人民共和国国家知识产权局很可能成为首个在一年内受理上百万件专利申请的机构。排在中国之后的是美国和日本，分别约为57.9万件和32.6万件。欧洲专利局在韩国之后排名第五位。世界知识产权组织称，中国的企业和个人在本国递交的专利申请最多，在海外申请专利数量上也排在世界前列。此外，全球专利申请最多的是在电脑技术领域（占7.8%），其次是电子机械制造（7.4%）、测绘工程以及数字通信行业。

一、专利及专利文献

（一）专利的定义

专利指在建立了专利制度的国家，某一发明创造由发明人或设计者向专利主管部门提出申请，经审查批准授予发明人或设计者在一定年限内享有独占该发明创造的权利，并受到法律保护，任何人不得侵犯。这种受法律保护、技术专有的权利，称之为专利。《中华人民共和国专利法》将专利分为三种，分别是发明专利、实用新型专利以及外观设计专利。发明专利是指对产品、方法及其改进所提出的新的技术方案，一般是指通过利用自然规律对特定技术问题的解决方案，是一种有较高水平的新技术发明，也是一种最有价值的专利；实用新型专利是指对产品的形状、构造及其结合所提出的适于使用的新技术方案，实用新型专利的授予不需要经过实质性审查，专利权保护期限也较短；外观设计专利是指对产品的形状、图案、色彩或其结合所做出的富有美感并适于工业上应用的新设计，外观设计专利只保护所申请的产品，如果有人将其用于其他产品上，不视为侵犯外观设计专利权。世界上绝大多数国家只设置发明专利和外观设计专利，也有个别国家设置其他类型的专利，如美国的植物专利、法国的医药专利等。我国设置上述三种专利。

广义的专利包含3个方面的含义，即专利权、专利技术、专利说明书。

1. 专利权

专利权指由国家专利主管机关授予申请人对其发明创造的独占支配权。由此可见，专利权是一种知识产权，具有排他性，未经专利持有人许可不得使用其专利，否则视为侵权，将受到法律惩处。

2. 专利技术

专利技术即取得专利权的发明创造，具有新颖性、创造性以及实用性。新颖性指该专利技术不属于现有技术，之前并未有相同的专利技术申请；创造性指与现有技术相比，该专利技术具有实质性的技术突破与进展；实用性指该专利技术可被实际使用并能够产生积极效果。

3. 专利说明书

专利说明书记载了发明内容的详细说明和受保护的技术范围。专利说明书是对发明进行的公开说明，既是一种法律文献，又是有价值的技术情报。

（二）专利文献概述

1. 专利文献的定义

专利文献是实行专利制度的国家及国际性专利组织在审批专利过程中产生的官方文件及其出版物的总称。广义的专利文献，包括申请说明书、专利说明书、专利局公报、专利文摘、专利分类表、专利主题词表以及申请专利时提交的请求书、权利要求书、法律性文件和诉讼资料等。从狭义上讲，专利文献就是专利说明书。因为专利技术通过发明说明书加以公开，发明说明书是专利文献的主体，所以专利技术的发明说明书也是专利检索的主要对象。

2. 专利文献的类型

专利文献从出版内容上分，主要有：一次专利文献，如专利说明书；二次专利文献，如专利公报、专利索引等；三次专利文献，如专利分类表及分类表索引等。

专利说明书是专利文献的主体。每个国家出版的专利说明书不仅是记述每一项申请专利的发明创造详细内容的技术文件，而且也是体现申请案的专利权种类及其法律状况的法律文件。我国的专利说明书有发明专利说明书、实用新型专利说明书和外观设计专利说明书三种，每种都由扉页、权利要求书、说明书和附图组成。扉页上记录有技术、法律和经济方面的信息；权利要求书是指提供该专利申请或专利请求保护的技术特征范围，是确定专利权范围及判定是否侵权的依据；说明书主要是对申请专利的发明创造做出清楚、完整的说明，包括发明创造名称所属技术领域、现有技术水平、发明的目的、发明细节描述、发明创造的效果、附图说明、最佳实施方案；附图是对发明技术的进一步解释或为某一技术部分的原理图。

世界上主要的专利分类体系可归纳为以下几种：《国际专利分类表》《美国专利分类表》《英国专利分类表》《日本专利分类表》和英国德温特出版公司编制的分类体系。如今，普遍采用的分类表是《国际专利分类表》。全球有100多个国家的工业产权局、4个地区局和世界知识产权组织的专利合作条约有关部门均使用国际专利分类表。1985年4月1日，我国开始采用《国际专利分类表》。

《国际专利分类表》是根据巴黎公约成员国在1971年签订的《国际专利分类斯特拉斯堡协定》编制的，是目前世界范围内唯一通用的国际专利分类。第一版于1968年9月1日生效。大约每5年修订一次，现在用的是第8版，于2006年1月1日起生效。第8版的《国际专利分类表》较以往有较大变化：由基本版和高级版构成的两级结构系统，满足了用户的不同需求。其中，基本版分类（CORE LEVEL）适用于专利文献量较少的国家及社会公众使用；高级版分类（ADVANCED LEVEL）比基本版更详细、精确，适用于国际专利文献检索。

基本版分类是强制分类，它主要用于传播信息以及检索少量专利文献。由于基本版分类的大众化，因此它相对稳定，而且类目比较宽泛，只包含了《国际专利分类表》的部分内容，如部、大类、小类、大组，某些技术领域还包括一些较上位的小组。目前第8版基本版分类只有2万组左右，是高级版内容的30%，并被分成5个分册印刷出版。基本版3年修订一次。

高级版分类用于世界范围内的所有专利或非专利文献管理，并将成为国际标准的、专业化的专利信息检索工具。《国际专利分类表》联盟的任何成员国均可选用高级版分类进行专利文献的检索及管理。据世界知识产权组织的调查数据显示，目前国际上有36个局承诺采用高级版进行分类，我国专利局的专利文献及专利合作条约最低文献量，均已采用了高级版分类。第8版高级版分类包含《国际专利分类表》的全部内容，有7万多个组。因为变化较快，它不再以纸质的形式出版，而是在世界知识产权组织的网站上以电子版的形式出现，高级版《国际专利分类表》将在网络上修订，修订周期最多3个月。电子版《国际专利分类表》中新增了许多内容和功能：便于分类表使用的附加信息，如分类定义、信息参见、分类示例、化学结构式和图例等；可将第7版与第8版进行分类对照以及关键词查询；可以链接各语种《国际专利分类表》译本；可下载XML格式的《国际专利分类表》全文的主文档数据；等等。

第8版《国际专利分类表》的获取途径：中文版从 http：//www.sipo.gov.cn/（中华人民共和国国家知识产权局）上可获得电子版，从知识产权出版社有限责任公司可获得印刷版；英文版从 http：//www.wipo.int/classifications/en 上可获得电子版。

国际专利分类表由8部组成，另配有《国际专利分类表使用指南》。

A部：人类生活必需。

B部：作业、运输。

C部：化学、冶金。

D部：纺织、造纸。

E部：固定建筑物。

F部：机械工程、照明、采暖、武器、爆破。

G部：物理。

H部：电学。

部下设有大类、小类、大组、小组。大类是部下面的细分类目，其类号由有关部的类号加上两位阿拉伯数字组成。大类下面设小类，小类号由大类号后面加上一个大写字母表示，但A、E、I、O、U、X这6个字母不用。小类下面设大组和小组。一个完整的IPC类号，由部、大类、小类、大组、小组五级分类组成，采用字母与数字混合标记符号。

例如，E04H03/16 游泳馆：

E　　　　　固定建筑物（部）

E04　　　　建筑物（大类）

E04H　　　专门用途的建筑物或类似的（小类）

E04H03/00　公共的或类似用途的建筑物（大组）

E04H03/10　•供集会、娱乐或体育用的（一级小组）

E04H03/14　••体育馆；其他体育建筑物（二级小组）

E04H03/16　•••游泳用的（三级小组）

注意：小组的数字大小并不是确定小组等级的依据，各小组的等级完全依靠分类号后小组类目前的圆点数多少来确定，圆点数越多，等级越低。

《国际专利分类表使用指南》是《国际专利分类表》的大类、小类和大组的索引。此外，它对《国际专利分类表》的编排、分类法和分类原则都做了解释和说明，可以帮助我们正确使用《国际专利分类表》。

确定某一概念的国际专利分类号一般可以使用三种方法：一是直接查《国际专利分类表》检索范畴，从部开始逐级查找；二是使用《国际专利分类表技术用语索引》，该表通过关键词对应相应的国际专利分类号；三是可以通过已获得的切题专利所使用的国际专利分类号，间接地获得所需分类号。

二、国内专利文献检索

（一）中国专利文献

《中华人民共和国专利法》于 1985 年 4 月 1 日起正式实施。中华人民共和国国家知识产权局根据《中华人民共和国专利法》及其实施细则编辑出版专利公报，公布和公告关于专利申请公开、专利权授予、授权公告索引等有关的事项和决定。1985 年 9 月 10 日起，由中华人民共和国国家知识产权局授权知识产权出版社定期公开出版专利公报及同日出版专利说明书（单行本）。1992 年 9 月，《中华人民共和国专利法》重新修订。依据新法，外观设计专利说明书停出单行本。2009 年 10 月 1 日，《中华人民共和国专利法》第三次修订并施行。中国专利公报、中国专利说明书与中国专利检索工具（如中国专利索引、专利数据库）等构成了中国专利文献。

（二）中国专利说明书

根据我国专利审查制度，专利局在审查的不同阶段出版不同类型的说明书。1993年之前，中国专利说明书主要有5种：《发明专利申请公开说明书》《发明专利申请审定说明书》《发明专利说明书》《实用新型专利申请说明书》《实用新型专利说明书》。不出版外观设计专利申请说明书单行本，仅在专利公报上公告。1993年1月1日起，中国专利说明书减少为3种：《发明专利申请公开说明书》《发明专利说明书》《实用新型专利说明书》。

为区别不同类型的说明书，我国在专利号后分别附加字母表示，具体如下。

A：发明专利申请公开说明书

B：发明专利申请审定说明书

C：发明专利批准说明书

D：外观设计授权公告说明书

S：外观设计公告说明书

U：实用新型专利申请说明书

Y：实用新型专利批准说明书

其中字母B，S，U在1993年后停止使用。

（三）中国专利文献检索工具

1.《中国专利公报》

登录中华人民共和国国家知识产权局网站，可以浏览各期各类专利公报的电子版。

《中国专利公报》分《发明专利公报》《实用新型专利公报》《外观设计专利公报》3种。1985年起，每年出1卷，随着申请数量的增加，到1990年已发展为周刊，一年52期。其编排结构基本一致，每期专利公报由目录、专利文摘（或题录）、专利事物、各种索引（申请公布索引和授权索引）组成。3种专利公报著录基本相同。《中国专利公报》大体可分为3部分。

第1部分：专利申请公布与专利权授予。《发明专利公报》和《实用新型专利公报》按国际专利分类的顺序，以文摘形式报道最新专利申请公布和专利权授予，《外观设计专利公报》按国际外观设计分类顺序，以文摘的形式报道外观设计专利权授予。

第2部分：专利事物。记载了与专利申请的审查及专利法律状态有关的事项。

第3部分：索引。发明专利公报索引由申请公布索引和授权公告索引组成。申请公布索引按照国际专利分类号索引、申请号索引、申请人索引、公开号/申请号对照表索引的顺序进行编排；授权公告索引按照国际专利分类号索引、专利号索引、专利权人索引、授权公告/专利号对照表索引顺序编排。实用新型和外观设计公报索引部分只有授权公告索引，按照国际专利分类号索引、专利号索引、专利权人索引、授权公告/专利号对照表索引顺序编排。

2.《中国专利索引》

《中国专利索引》是三种专利公报的辅助索引，以条目的形式对中国专利公报的信息进行报道，分《分类年度索引》和《申请人、专利权人年度索引》。

《分类年度索引》将中国专利公报中公布的发明、实用新型和外观设计三种专利按年度，根据国际专利分类号或国际外观设计分类号顺序编排。

《申请人、专利权人年度索引》按照申请人或专利权人姓名或译名的汉语拼音字母顺序按年度进行编排，按发明专利、实用新型专利和外观设计专利分编成3个部分。

查阅以上两种索引，都可以得到国际专利号、发明名称、文献或专利号、申请人或专利权人以及卷期号这5项信息。

3.《中国专利索引申请号／公开（告）号对照表》

《中国专利索引申请号／公开（告）号对照表》自1989年出版以来，依次按年度出版，汇编了年度内公开（告）号的发明、实用新型和外观设计3种专利的所有申请号。该表按申请（专利）号顺序编排，用户可以从申请（专利）号查找公开号、公告号，再利用这些号来索取专利说明书。

4. 中国专利文献的检索方法

检索中国专利文献可以通过以下3种途径。

（1）分类途径

关键词检索：课题—国际专利分类中关键词索引—相关类号—每期专利公报的国际专利分类索引—国际专利分类号和专利号—各种专利公报摘要—专利号—专利说明书。

分类号检索：课题—国际专利分类表—相关类号—《中国专利索引》中的国际专利分类年度—国际专利分类号和专利号—各种专利公报摘要—专利说明书。

（2）申请人或专利权人途径

课题—已知申请人或专利权人 —

$\left. \begin{array}{l} 每期专利公报中的申请人/专利权人索引 \\ 《中国专利索引》中的申请人/专利权人索引号 \end{array} \right\}$ —

中国专利分类号和专利号—各种专利公报摘要—专利号—专利说明书。

（3）申请号途径

课题—已知申请号、公开号（公告号）或专利 —

$\left. \begin{array}{l} 每期专利公报申请中的申请号、公开号、专利号索引 \\ 《中国专利索引》中的申请号、公开号、专利号索引 \end{array} \right\}$ —

国际专利分类号和专利号—各种专利公报摘要—专利号—专利说明书。

1989 年，中国专利开始使用新的号码系统，申请号与公开（告）号、专利号各有一号码系统，需要通过"申请号／公开（告）号对照表"或专利公报的申请公开（告）部分的申请号索引，对照查找专利的公开（告）号，并通过该号来索取专利说明书。

（四）中国专利文献的网络检索

1. 中国专利信息网

国家知识产权局专利检索咨询中心成立于 1993 年，前身是中国专利局专利检索咨询中心，2001 年 5 月更名为国家知识产权局专利检索咨询中心。该检索中心拥有提供专利信息的综合性网络平台：中国专利信息网（www.patent.com.cn）。该网站于 1997 年 10 月开通，是国内较早提供专利信息服务的网站。网站具有中国专利文摘检索、中国专利英文文摘检索以及中文专利全文下载功能，并采用会员制管理方式向社会公众提供网上检索、网上咨询、论坛交流、邮件管理等服务。

2. 中华人民共和国国家知识产权局专利检索系统

该网站由中华人民共和国国家知识产权局主办，提供专利检索、专利申请、专利审查、专利保护、专利代理等多项服务。专利检索系统收录1985年9月10日以来公布的全部中国专利信息，包括发明、实用新型和外观设计3种专利的著录项目及摘要，并可免费浏览到各种说明书全文及外观设计图形。

该检索系统有两个特点：一是能在网上直接获取下载专利说明书全文；二是带有国际专利分类，可利用国际专利分类表进行分类浏览检索，满足不同的检索要求。

3. 中国知识产权网

中国知识产权网是由中国知识产权出版社创建、维护的知识产权信息与服务网站，提供中国专利信息和外国专利信息检索。该检索系统提供表格（字段）检索、组合逻辑检索、国际专利分类检索和法律状态检索四种方式。在每次检索结果的基础上可进行二次检索。免费用户只可获得专利文摘。注册用户可获得专利说明书全文。

4. 中国专利信息中心

中国专利信息中心的前身是中国专利局的自动化工作部，现在是国家知识产权局直属的事业单位，国家知识产权局赋予该中心对专利数据库的管理权、使用权和综合服务的经营权。该中心主要从事专利及其他知识产权信息的加工、传播、检索和咨询服务。

5. 中国知网之《中国专利全文数据库（知网版）》和《海外专利摘要数据库（知网版）》

《中国专利全文数据库（知网版）》收录了1985年9月以来的中国专利，包含发明专利、实用新型专利、外观设计专利3个子库，准确地反映了中国最新的专利发明。可以通过申请号、申请日、公开号、公开日、专利名称、摘要、分类号、申请人、发明人、优先权等检索项进行检索，并下载专利说明书全文。

《海外专利摘要数据库（知网版）》，在《中国知网》上又叫《海外专利数据库（知网版）》《海外专利全文数据库》。主要包括瑞士、美国、日本、德国、英国、法国、世界知识产权组织、欧洲专利局、俄罗斯、韩国、加拿大、澳大利亚、中国香港及中国台湾地区1970年以来的专利，可以通过专利名称、摘要、申请号、公开号、分类号、申请人、发明人、优先权等检索项进行检索，专利说明书全文链接到欧洲专利局网站。

6. 万方数据知识服务平台之《中外专利数据库》

收录了国内外的发明、实用新型及外观设计等专利4 500万余项。内容涉及自然科学各个学科领域，每年增加约25万条，每两周更新一次。

7. 国家科技图书文献中心

国家科技图书文献中心网站提供对中外专利的检索。其中，中国专利数据库收录中国国家知识产权局从1985年以来的所有公开（告）的发明、实用新型和外观专利，每年增加专利23万多件。

三、国外专利文献检索

在这里，我们向大家简要介绍德温特世界专利创新索引网络数据库（Derwent Innovations Index，简称DII）。

Derwent Innovations Index将Derwent World Patents Index（德温特世界专利索引）与Derwent Patents Citation Index（专利引文索引）加以整合，以每周更新的速度，提供全球专利信息。该数据库信息来源于全球40多个专利机构，详细记载了超过1 100万项基本发明专利的信息，2 000万余条专利信息，资料回溯至1963年。每条记录除了包含相关的同族专利信息，还包括由各个行业的技术专家进行重新编写的专利信息，如描述性的标题和摘要、新颖性、技术关键、优点等。还可查找专利引用情况，建立专利与相关文献之间的链接。

DII数据库中除使用国际专利分类表外，还采用适用于所有技术的简单分类系统对专利文献进行分类。DII的学科领域专家对所有专利统一使用这种独特的分类方法，从而可以在特定的技术领域进行高效精确的检索。

按照德温特分类体系，在数据库中，专利分为以下三大领域：A—M（化学Chemical Section）、P—Q（工程Engineering Section）和S—X（电气与电子Electrical and Electronic Section）。这些领域又分为20个主要的学科领域或专业。这些专业进一步分类，每个类别都包含代表专业的字母，后面跟随两位数字，构成德温特分类代码。例如，X22是汽车电工学的分类符号，C04是所有化肥的分类符号。DII对各个条目进行交叉分类，以确保检索者可以检索到所有感兴趣的专利。

以下是三大领域20个主要学科领域或专业的字母含义。

A—M的含义如下。

A：聚合物和塑料

B：医药

C：农业化学品

D：食品、清洁剂、水处理和生物工艺学

E：常规化学品

F：纺织和造纸

G：印刷、涂料、摄影

H：石油

J：化学工程

K：核能利用、化学爆破和防爆

L：耐火材料、陶瓷、水泥和电化学

M：冶金学

P—Q的含义如下。

P：通用

Q：机械

S—X的含义如下。

S：仪器、测量和测试

T：计算与控制

U：半导体与电子电路

V：电子元器件

W：通信

X：电力工程

第二节　学位论文及其检索

学位论文作为一项重要的学术资源，是高等院校和科研院所的研究生、本科生为获得学位资格（博士、硕士和学士学位）而撰写的学术性研究论文。学位论文包括博士论文、硕士论文和学士论文。一般都是作者在搜集、阅读了大量资料后进行科学分析和概括或是经过调查、实验和分析研究之后，进一步提出自己独特的见解和论点。由此可见，学位论文具有学术性、独创性、新颖性以及研究的专深性等特点，具有一定的学术参考价值。

据教育部统计的数据显示，近年来高校毕业生数量逐年攀升：2007年全国高校毕业生为495万人，2013年全国高校毕业生达699万人，2014年全国高校毕业生人数继续走高，达727万人。由此可见，我国每年新增学位论文的数量可观。目前，我国法定的学位论文收藏部门有国家图书馆、中国科学技术信息研究所以及中国社会科学院文献情报中心。其中，国家图书馆是唯一负责全面收藏、整理国内外自然科学、人文科学以及社会科学方面论文的机构，此外它还收集我国在外留学生的学位论文；中国科学技术信息研究所集中收藏《中国图书馆分类法》中从F大类（经济类）至X大类（环境科学类）的学位论文；中国社会科学院文献情报中心则主要收藏社会科学类的学位论文。

学位论文一般不公开出版，一般以打印本的形式存在规定的收藏地点，而且每篇论文打印的数量也不多，所以索取全文尤其是国外的学位论文全文比较困难。欧美国家对学位论文的搜集、管理和利用非常重视。美国自20世纪30年代以后就有UMI（University Mi-crofilms Inc.）专门报道重点大学博士论文和硕士论文的题目与文摘，向全世界发行，并提供复制服务和订购全文缩微片服务。英国的学位论文统一收藏于英国图书馆的国家外借图书馆内，并提供复制服务。欧洲的院校，一般将学位论文存放在颁发学位的院校图书馆之中。日本的学位论文分两种：一种是国立大学的学位论文，由国家图书馆收藏；另一种是私立大学的学位论文，存放在颁发学位的学校的图书馆。各国的学位论文一般都保存在各高等学校图书馆及专门图书馆内。

一、国内学位论文网络检索系统

（一）中国高等教育文献保障系统（CALIS）之"高校学位论文库"

中国高等教育文献保障系统（CALIS）之《高校学位论文库》是一个自建数据库项目，目的是建设一个集中检索、分布式全文获取服务的

CALIS高校博、硕士学位论文文摘与全文数据库。该项目由CALIS中心负责制定统一的数据规范和编制统一的建库软件，由CALIS全国工程文献中心（清华大学图书馆）牵头负责组织，协调全国80余所高校合作建设。内容涵盖自然科学、社会科学、医学等各个学科领域，收录包括北京大学、清华大学等全国著名大学在内的83个CALIS成员馆的硕士、博士学位论文。高校学位论文库的建立，为国内外用户提供了一个获取高校学位论文信息的查询途径，推动了高校教学、科研的交流和发展。

（二）中国知网之《中国博士学位论文全文数据库》和《中国优秀硕士学位论文全文数据库》

《中国博士学位论文全文数据库》收录全国400多家博士培养单位的博士学位论文。《中国优秀硕士学位论文全文数据库》收录全国六七百家硕士培养单位的优秀硕士学位论文，学科覆盖基础科学、工程科技Ⅰ辑、工程科技Ⅱ辑、农业科技、医药卫生科技、哲学与人文科学、社会科学Ⅰ辑、社会科学Ⅱ辑、信息科技、经济与管理科学这十大专辑。收录1984年至今的硕士学位论文。

该平台提供检索、高级检索、专业检索、科研基金检索、句子检索5种检索方式，分别体现在单库检索和跨库检索两种模式中。其中，检索又包括了跨库快速检索。可以运用布尔逻辑算符等灵活组织检索提问式进行检索，同时可进行二次检索。单库检索与跨库检索其检索项下拉菜单提供的字段各不相同。

（三）万方数据知识服务平台之《中国学位论文全文数据库》

《中国学位论文全文数据库》收录国家法定学位论文收藏机构——中国科学技术信息研究所提供的自1980年以来我国自然科学领域各高等院校、研究生院以及研究所的硕士、博士以及博士后论文。可通过万方数据系统网站或镜像站点进入万方数据知识服务平台。浏览方式可以按照学科、专业目录分类浏览，逐级缩小范围浏览相关论文信息。也可根据学位授予单位的地理位置进入地区、学校浏览相关论文信息。

二、国外学位论文网络检索系统

ProQuest Dissertations & Theses Global（ProQuest博硕士论文文摘索引

数据库）是美国 UMI 公司出版的博士、硕士论文数据库。美国 UMI 公司（University Mi-crofilms Inc.）自 20 世纪 30 年代开始专门报道美国重点大学博士、硕士学位论文的题目与文摘，并提供全文复制服务。它提供的博士、硕士学位论文缩微片产品一直是世界各个机构或组织获取学位论文的主要途径之一。随着科学技术，尤其是信息技术的发展，UMI 公司的学位论文产品与服务也形成了多品种、国际化、数字化、网络化等特点。除了继续出版学位论文全文的缩微片之外，它出版的学位论文检索工具——"国际博士、硕士学位论文文摘"，不仅有印刷版、光盘版，还有网络版，为不同使用条件的用户查询国际博士、硕士学位论文提供了便利。迄今为止，UMI 的这些学位论文系列检索产品，是目前世界上使用最广泛的学位论文检索工具之一。

我国若干图书馆、文献收藏单位联合购买了一定数量的 ProQuest 学位论文全文（PDF 格式），提供网络共享。即凡参加联合订购的成员馆均可共享整个集团订购的全部学位论文全文资源。目前 ProQuest 学位论文全文中国集团在国内有三个镜像站点，分别是上海交通大学镜像站点、CALIS 镜像站点和中国科学技术信息研究所镜像站点。可任选其一进入该数据库。系统采用 IP 地址控制访问权限，读者无需花费国际网络通信费。

第三节　会议文献及其检索

会议文献是指在各种学术会议上宣读、发表的论文、报告稿、讲演稿等与会议有关的文献。这些文献包含大量的学科中的新发现、新进展、新成就、新设想及新的研究方向，这些新的信息均以会议论文的形式向公众发布。会议文献的主要特点是：传播信息及时，论题集中，内容新颖、丰富、专业性强，学术水平高，信息量大，可靠性高，出版及发行方式灵活，速度快。因此，会议文献在目前的十大科技信息源中，重要性和利用率仅次于科技期刊。会议文献的出版形式有以下几种。

连续出版物形式。会议文献以连续出版物形式出版，出版时间有定期和不定期两种，有的直接以会议的届次顺序不定期出版，并用会议主题名称作为出版物的名称。

科技图书形式。大多数会议文献以图书形式发表，将这些会议文献做成专题论文集，有的直接取用会议的名称做书名，有的把会议名称作为书名的副标题。

科技报告形式。有些会议文献以科技报告形式出版，如美国四大报告（AD、PB、DOE、NASA）中常编入会议文献，并有会议文献的专门编号。

非印刷品形式。少数会议不出版印刷品，只以缩微胶卷或录音、录像带等视听资料形式报道会议文献。

一、国内会议文献检索

（一）万方数据知识服务平台之《中国学术会议文献数据库》

本数据库收录了由中国科技信息研究所提供的，1983年至今世界主要学会和协会主办的会议的论文，以一级以上学会和协会主办的高质量会议论文为主，范围涵盖自然科学、工程技术、农林、医学等多个领域，每年涉及近3 000个重要的学术会议，每月更新。

（二）中国知网之《中国重要会议论文全文数据库》

重点收录1999年以来，中国科协、社科联系统及省级以上的学会、协会，高校、科研机构，政府机关等举办的重要会议上发表的文献。其中，全国性会议文献超过总量的80%，部分连续召开的重要会议论文可回溯至1953年。该数据库提供检索、高级检索、专业检索等检索方式，其检索方法前文已有介绍。

（三）国家科技图书文献中心

国家科技图书文献中心数据库中收录了大量的中、外文会议文献。其中中文会议文献数据库主要收录了1985年以来我国国家级学会、协会、研究会以及各省、部委等组织召开的全国性学术会议论文100多万条。数据库的收藏重点为自然科学各专业领域的会议论文，年增加论文4万余篇。

（四）中国学术会议在线

该网站由教育部科技发展中心主办。通过该网站，可以了解已经召开和即将召开的会议情况。读者可以通过定制邮件，了解自己感兴趣的学术会议。

二、国外会议文献检索

（一）Conference Paper Index（CPI）

Conference Paper Index 数据库是美国剑桥科学文摘数据库中的一个子库，也是美国剑桥科学文摘出版社（Cambridge Science Abstracts）出版的《会议论文索引》（Conference Paper Index，简称 CPI）的网络版。该库提供世界范围内的主要科学会议论文、引文和会议预告。自 1995 年以来，其重点主题为生命科学、环境科学和水产科学，同时也包括物理学、工程学和材料科学。该数据库记录包括完整的订购信息（包括论文题名和论文的著者资料），以便获得预印本、文摘、会议录及来自会议的其他出版物。该数据库收录了自 1982 年至今的相关数据，每两个月更新一次。

（二）Proceedings.com

Proceedings.com 汇集了世界上最重要的会议、座谈、研究会和专题讨论会等多种学术会议的会议录文献，是美国科学情报研究所（Institute for Scientific Information，简称 ISI）出版的著名学术会议文献索引——《科技会议录索引》（Index to Scientific & Technical Proceedings，简称 ISTP）和《社会科学与人文科学会议录索引》（Index to Social Sciences & Humanities Proceedings，简称 ISSHP）的网络版。自 2008 年 10 月 20 日起，在全新升级的 Web of Science 中，ISTP 更名为 Conference Proceedings Citation Index – Science（CPCI–S）。同时，ISSHP 更名为 Conference Proceedings Citation Index – Social Science & Humanities（CPCI–SSH）。每年收录 12 000 多场会议的内容，年增加 22.5 万条记录，其中 65% 来源于专门出版的会议录或丛书，其余来源于以连续出版物形式定期出版的系列会议录。该数据库提供 1997 年以来的论文摘要，可以检索的会议的相关信息有：会议主题、主办单位、举办地点、日期、作者、作者机构、会议名称、会议录名称。

（三）IEEE/IET Electronic Library（IEL）

该数据库提供美国电气电子工程师学会（IEEE）和英国工程技术学会（IET）出版的1万余种会议录。此外，该数据库每年收录900多种IEEE会议录和40多种IET会议录。

第四节　标准文献及其检索

一、标准文献概述

（一）标准

标准是对重复性事物和概念所做的统一规定，它以科学技术和实践经验的综合成果为基础，经有关方面共同协商，由主管机构批准，以特定形式发布，作为各方共同遵守的准则和依据。换言之，标准是对各个行业的相关产品或工程技术项目，产品的质量、规格、检验方法以及处理方法等做出的技术要求或规定，是从事科研、生产、设计、检验等活动的重要技术准则。在国民经济的各个领域中，凡具有多次重复使用和需要制定标准的具体产品，以及各种定额、规划、要求、方法、概念等，都可以成为标准化对象。它与现代科学技术和生产发展水平相适应，与现行的标准相互协调、配合，并且根据国民经济发展需要，随着科学技术的发展以及标准的变化不断补充、修订、更新。

（二）标准文献

标准文献就是记录标准的一切物质载体。一般指技术标准、管理标准及其他具有标准的和在标准化过程中产生的类似文件所组成的一种特定形式的技术文献体系。如标准化期刊，标准化专著，标准化法规、条例，标准化会议录、期刊、论文、专著，标准化论证制度，等等，又称"标准文献"。

标准文献的类型按其使用范围不同可分为国际标准、区域性标准、国家标准、行业标准、地区标准、企业（公司）标准。国际标准主要有

ISO标准、IEC标准。

（三）标准的代号、编号

1. 国际标准和技术报告的代号、编号

（1）ISO ****：****

国际标准化组织标准代号+国际标准发布顺序号：国际标准发布年代号

（2）ISO／TR ****：****

国际标准化组织标准代号+国际标准发布顺序号：发布年代号

（3）IEC ****：****

国际电工委员会标准代号+国际标准发布顺序号：发布年代号

（4）ISO／IEC ****：****

国际标准化组织和国际电工委员会联合发布的标准代号：发布年代号

（5）ISO／DIS ****：**** 或 ISO／IEC DIS ****：****

国际标准草案：发布年代号

2. 国家标准的代号、编号

《中华人民共和国标准化法》规定，我国根据标准的适应领域和有效范围，把标准分为四级即国家标准、行业标准、地方标准和企业标准。

标准的编号（标准号）是由"标准代号/顺序号–年代号"组成。

（1）国家标准代号

国家标准代号分两种，即强制性国家标准和推荐性国家标准。

国家标准代号用"国标"的汉语拼音首字母"GB"表示，如GB3838—2002《地表水环境质量标准》，替代标准号GB/3838—1988，代表第3838号国家标准，2002年发布；

推荐性国家标准用"GB/T"表示，如GB/T 18713—2002《太阳热水系统设计、安装及工程验收技术规范》。

国家标准化指导性技术文件用"GB/Z"表示。

（2）行业标准代号

行业标准代号一律用两个大写汉语拼音字母表示，由行业主管部门颁布，如HG/T 3254—2001《电子工业用水合锑酸钠》，替代标准号HG/T 3254—1989，HG/T为化工行业推荐性标准。常用的行业标准代号见下表。

表5-1　中国常用行业标准代号一览表

标准代号	行业标准名称	标准代号	行业标准名称
NY	农业行业标准	FZ	纺织行业标准
SC	水产行业标准	DL	电力建设行业标准
LY	林业行业标准	JC	建材行业标准
QB	轻工行业标准	LD	劳动和劳动安全行业标准
FZ	纺织行业标准	SJ	电子行业标准
YY	医药行业标准	QC	汽车行业标准
HG	化工行业标准	JZ	建筑行业标准
JB	机械行业标准	SB	商业行业标准
YD	邮电通信行业标准	BB	包装行业标准
JY	教育行业标准	JR	金融系统行业标准

（3）地方标准代号

地方标准代号由汉语拼音字母"DB"加上省、自治区、直辖市行政区域代码前两位数，若加斜线组成强制性地方标准代号；若加"T"则组成推荐性地方标准号。

（4）企业标准代号

企业标准代号用汉语拼音字母"Q"与企业标准代号组成，中间用斜线隔开。如Q/HB，HB为企业标准代号。

（四）标准的分类及其代号

标准文献的分类主要采用《中国标准文献分类法》、国际标准分类法（ICS）等分类系统。

1. 中国标准文献分类法

《中国标准文献分类法》是国家标准局编制的、目前国内用于标准文献管理的一部工具书。该分类法由24个一级大类目组成，用英文字母表示，每个一级类目下分100个二级类目，二级类目用二位数字表示。一级类目表如下所示。

表5-2 《中国标准文献分类法》中的一级类目表

A.综合	B.农业、林业
C.医药、卫生、劳动保护	D.矿业
E.石油	F.能源、核技术
G.化工	H.冶金
J.机械	K.电工
L.电子元器件与信息技术	M.通信、广播
N.仪器、仪表	P.工程建设
Q.建材	R.公路与水路运输
S.铁路	T.车辆
U.船舶	V.航空、航天
W.纺织	X.食品
Y.轻工、文化与生活用品	Z.环境保护

目前，我国标准分类除采用《中国标准文献分类法》分类号外，还同时采用国际标准分类法（ICS）分类号。

2.国际标准分类法

国际标准分类法（International Classification for Standards，简称ICS），这是由国际标准化组织编制的标准文献分类法，它主要用于国际标准、区域标准和国家标准以及相关标准化文献的分类、编目、订购与建库，从而促进国际标准、区域标准、国家标准以及其他标准化文献在世界范围内的传播。

国际标准化组织（ISO）发布的标准，1994年以前使用《国际十进分类法》（UDC），1994年以后改用ICS分类。我国于1997年1月1日起在国家标准、行业标准和地方标准上采用ICS分类并进行标识。

ICS是一个等级分类法，包含三个级别。第一级包含41个标准化专业领域，各个专业又细分为402个组（二级类），402个二级类又被进一步细分为833个分组（三级类）。ICS采用数字编号。第一级和第三级用双位数表示，第二级采用三位数表示，各级分类号之间以下脚点相隔。如，43.040.02（照明和信号设备）。ICS的一些二级类和三级类类名下设有范畴注释和（或）指引注释。一般来说，范畴注释列出某特定二级类和三级类所覆盖的主题或给出其定义；指引注释指出某一特定二级类或三级类的主题与其他类目的相关性。ICS一级类目表如表5-3。

表5-3　国际标准分类法的一级类目表

01 综合、术语学、标准化、文献	49 航空和航天器工程
03 社会学、服务、公司（企业）的组织和管理、行政、运输	53 材料储运设备
07 数学、自然科学	55 货物的包装和调运
11 医疗卫生技术	59 纺织和皮革技术
13 环保、保健和安全	61 服装行业
17 计量学和测量、物理现象	65 农业
19 试验	67 食品技术
21 机械系统和通用件	71 化工技术
23 流体系统和通用件	73 采矿和矿产品
25 机械制造	75 石油及有关技术
27 能源和热传导工程	77 冶金
29 电气工程	79 木材技术
31 电子学	81 玻璃和陶瓷工业
33 电信、音频和视频工程	83 橡胶和塑料工业
35 信息技术、办公机械	85 造纸技术
37 成像技术	87 涂料和颜料工业
39 精密机械、珠宝	91 建筑材料和建筑物
43 道路车辆工程	93 土木工程
45 铁路工程	95 军事工程
47 造船和海上构建物	97 家用和商用设备、文娱、体育等

二、中国标准及文献检索

（一）中国标准文献的网络检索系统

1. 中国标准服务网

中国标准服务网是国家级标准信息服务门户，是世界标准服务网的中国站点。其标准信息主要依托于国家标准化管理委员会、中国标准化研究院标准馆及院属科研部门、地方标准化研究院（所）及国内外相关标准化机构。截至2008年10月，该网提供的标准信息包含60多个国家、70多个国际和区域性标准化组织、450多个专业学（协）会的标准以及全部中国国家标准和行业标准100万余册。此外，还包括170多种国内外标准化期刊和8 000多部标准化专著。该服务网提供的首批数据库包括：中国国家标准、中国行业标准、地方标准、国际标准、国外标准、国外学（协）会标准、技术法规、标准化期刊等百余种数据库。同时还提供ISO、IEC、ITU、WSSN等国外标准及标准化组织机构的链接服务。该网站只提供标准的题录信息，全文需付费获取。

2. 万方数据知识服务平台之《中外标准数据库》

进入万方数据知识服务的"资源"平台，点击"中外标准数据库"即可进入《中外标准数据库》。该数据库的全文数据来源于国家指定标准出版单位，专有出版，文摘数据来自中国标准化研究院国家标准馆，数据权威。其检索方法前文已有介绍。

3. 中国知网之标准数据库

中国知网标准数据库包含《国家标准全文数据库》《国内外标准题录数据库》《中国行业标准全文数据库》。

《国家标准全文数据库》收录了由中国标准出版社出版的，国家标准化管理委员会发布的1950年至今的所有国家标准，占国家标准总量的90%以上。标准的内容来源于中国标准出版社。可以通过标准号、中文标准名称、起草单位、起草人、采用标准号、发布日期、中国标准分类号、国际标准分类号等检索项进行检索。

《国内外标准题录数据库》是国内数据量最大、收录最完整的标准数据库，分为《中国标准题录数据库》和《国外标准题录数据库》。《中国标准题录数据库》收录了所有的中国国家标准、国家建设标准、中国行业标准的题录摘要数据，共计标准272 686条；《国外标准题录数据库》收录了世界范围内重要标准，如：国际标准（ISO）、国际电工标准（IEC）、欧洲标准（EN）、德国标准（DIN）、英国标准（BS）、法国标准（NF）、日本工业标准（JIS）、美国标准（ANSI）、美国部分学（协）会标准（如ASTM，IEEE，UL，ASME）等标准题录摘要数据，共计标准381 372条。标准的内容来源于山东省标准化研究院，相关的文献、成果等信息来源于中国知网的各大数据库。可以通过标准号、中文标题、英文标题、中文关键词、英文关键词、发布单位、摘要、被代替标准、采用关系等检索项进行检索。

《中国行业标准全文数据库》收录了现行、废止、被代替以及即将实施的行业标准，全部标准均获得权利人的合法授权。相关的链接文献、专利、成果等信息来源于中国知网各大数据库。可以通过全文、标准号、中文标准名称、起草单位、起草人、出版单位、发布日期、中国标准分类号、国际标准分类号等检索项进行检索。

4. 中国科学院文献情报中心（国家科学图书馆）

该标准检索数据信息来自标准信息检索系统（含国家标准文献共享服务平台、中国计量科学院）、国防科技信息中心、中国科学院机构知识库。其中，可以从国家标准文献共享服务平台检索的内容包括中国国家标准，国际标准化组织标准，美国国家标准，欧洲标准，法国、英国、德国等国家标准以及中国行业标准，国际电子委员会标准，美国机械工程师协会标准，美国材料试验协会标准，美国电子电器工程师协会标准，日本工业标准等标准文献，及计量检定规程等共约33万余篇。可以从国防科技信息中心国防标准数据库（http：//www.las.ac.cn/deis/deisad-vanced.jsp？type=Standard）中检索的内容为军事标准，主要包括由美国国防部和政府其他部门共同制定的联邦标准、规范、合格产品目录和信息处理标准出版物等，包括军用规范、军用标准、军用标准图纸、军用手册等。中国科学院用户均可以通过本系统进行检索和申请文献传递服务。

5. 国家标准化管理委员会

可通过该网站检索国家标准目录，获得标准的题录信息，了解标准化动态、国家标准制订计划，获得国标修改通知等信息。

此外还有一些行业标准网站，如：中国环境标准网、军用标准化信息网、国家测绘地理信息局、通信标准信息服务网等。

三、国际标准及文献检索

国际标准是指国际性组织所制定的各种标准。其中，主要有国际标准化组织制定的ISO标准、国际电工技术委员会制定的IEC标准和国际电信联盟制定的ITU标准，以及国际标准化组织公布的29个国际组织制定的标准。

（一）ISO标准

1. ISO介绍

ISO是"International Organization for Standardization"（国际标准化组织）的缩写。ISO成立于1947年2月23日，由多个国家联合组成，是世界上最大的非政府性国际标准化机构。我国于1978年加入ISO。

该组织的主要工作是制订化工机械、冶金和农业等领域的国际标准，协调世界范围内的标准化工作，组织各成员国和技术委员会进行信息交流，并进行有关标准化方面的研究工作和情报工作。为促进各国标准化工作的发展，加强国际物资交流和服务。为促进科学、技术、经济领域的合作，该组织已与400个国际性和区域性组织进行了标准化问题合作，共同研究有关标准化问题。国际标准化组织设有若干个技术委员会（TC），若干个小组委员会（SC），若干个工作组织（WG）。

ISO现有标准18 000多个，标准的范围涉及除电工与电子工程以外的所有领域，其中电子工程标准由国际电工委员会（IEC）负责修订，信息技术标准化工作由ISO和IEC共同负责。ISO国际标准一般必须经ISO全体成员国协商表决通过后才能正式生效。

国际标准的类型有正式标准（ISO）、推荐标准（ISO/R）、技术报告（ISO/TR）、技术数据（ISO/DATA）、建议草案（ISO/DP）和标准草案（ISO/DIS）等。

ISO国际标准编号由"ISO+标准顺序号+制定或修改年份"构成。

除个别标准提前审定外，所有的ISO标准每5年重新审定一次。因此，使用时要注意查阅最新的版本。

2.ISO catalogue

国际标准化组织（ISO）于1995年在Internet上开通了ISO catalogue在线。该网站提供各种关于该组织标准化活动的背景及最新信息，各技术委员会（TC）、分委员会（SC）的目录及活动，报道标准知识、标准制定的动态消息，提供免费的ISO国际标准目录（包括各种已出版的国际标准、撤销标准、正在制定的标准和项目删除）的浏览和检索。可以通过"国际标准分类法"（ICS）浏览ISO标准，提供快速检索和高级检索两种检索方式，仅提供标准号、标准名称、ICS号、TC号、文摘等简单信息，原文需付费获取。

（二）全球标准化资料库（NSSN）

可在该库免费查询全球600多家标准组织与专业协会制订的225 000多条标准的目录，可通过简单检索和高级检索两种方式检索，该库提供获取全文的途径。

（三）TECHSTREET™标准数据库

TECHSTREET™标准数据库是美国ISI集团旗下Techstreet公司开发的标准数据库，提供了世界上45万余条工业技术标准文献及规范，其中包括ISO、IEC、AGA、ASME、IEEE等组织制定的标准，并有简要说明和订购价格，其中约5 000条标准为PDF格式的标准全文，可直接下载。

第五节　科技报告及其检索

一、科技报告概述

科技报告最早出现于20世纪初，是各国政府部门或科研、生产机构关于某个研究项目的开发调查工作的成果总结报告，或者是研究过程中每个阶段的进展报告，其中绝大多数涉及国家支持的高新技术研究项目。科技报告所报道的内容一般必须经过有关主管部门的审查与鉴定，因此具有较好的成熟性、可靠性和新颖性，是一种非常重要的学术信息资源。

（一）科技报告的特点

科技报告具有以下特点。①内容大多专深、新颖，往往涉及尖端学科或世界最新研究课题。②内容丰富、信息量大，科技报告对问题研究的论述往往既系统又完整。针对问题的难点技术，不仅包括技术研究的整个实验过程，而且记录各种数据和图表甚至对实验的失败也有追究原因的详尽分析。③文献数量巨大。据报道每年产生的科技报告在100万件以上，美国约占80%以上，其中最著名的报告是美国政府的四大报告：PB报告、AD报告、NASA报告和DOE报告。④科技报告的出版形式较多，有报告、札记、备忘录、论文、译文等。⑤带有不同程度的保密性质，一般控制发行。

（二）科技报告的出版形式

1. 报告

一般公开出版，内容较详尽，是科研成果的技术总结。

2. 札记

内容不太完善，是编写报告的素材，也是科技人员编写的专业技术文件。

3. 备忘录

内部使用，限制发行。包括原始试验报告，有数据及一些保密文献等，供行业内部少数人交流信息使用。

4. 论文

指准备在学术会议或期刊上发表的报告，常以单篇形式发表。

5. 译文

译自国外有参考价值的文献。

此外，还有合同户报告、特种出版物及其他形式（如：会议出版物、教学用出版物、参考出版物、专利申请说明书及统计资料）的科技报告。

（三）科技报告的报告号

科技报告号是识别科技报告的显著标志，由机构代码+类型代码+出版年份+顺序号构成。

有的还带有如下密级代码标志：

ARR（Advanced Restricted Report），表示高级限制报告；

S（Secret），表示机密报告；

C（Confidential），表示秘密报告；

R（Restricted），表示非密限制发行报告；

U（Unclassified），表示公开报告。

二、我国科技报告及其检索工具

在我国，科技报告主要是以科技成果公报或科技成果研究报告的形式进行传播、交流。我国研究成果的统一登记和报道工作是从1963年正式开始的。凡是有科研成果的单位都要按照规定程序上报、登记，国家科委（现国家科技部）根据调查情况定期发布科技成果公报和出版研究成果公告，这套报告分内部、秘密和绝密三种。我国科技报告的检索工具如下。

（一）国家科技成果网（NAST）

国家科技成果网（NAST），是由国家科学技术部创建的以科技成果查询为主的大型权威科技网站。该网站拥有国内数量最多的技术项目资源。截止到2014年，该网站已汇集重点科研院所、"211"重点院校、重点企业直接报送的科技成果70万项。科技成果库内容丰富、信息详实，覆盖国民经济的所有行业。70万项科技成果涵盖12万个单位，主要为企业、独立科研机构和大专院校，分别占66%、9%、3%，其研发的成果分别占29%、21%、30%。研发单位库包含单位简介及其详细的联系方式等，全部单位按地区、行业进行分类整理。科技成果数据库提供数据定制、浏览查询、统计分析报告、成果对接活动4项服务内容。

1. 数据定制

根据客户需求从70万项科技成果、12万家研发机构、120万位科研人员中精选技术项目、机构、专家数据进行定制推送服务，形式包括数据提供和专辑出版等。整合期刊、论文、标准和专利等文献资源，通过知识化的组织，每一项科技成果与相关的技术、文献、专利和标准进行匹配关联，科技成果情报化信息服务特色明显。

2. 浏览查询

国家科技成果网为用户提供方便、快捷的网上成果项目的浏览查询服务。

"找项目"：提供灵活便捷的查询方式，便于用户从70万项科技成果中轻松找到所需要的技术项目。

"找专家"：基于快速增长的优质科技人才资源，涵盖50个一级学科、300多个二级学科专业；覆盖全国共31个省、自治区、直辖市；覆盖全国90%的高校、科研院所、企业科研中心。提供方便易用的专家搜索和得心应手的筛选工具，便于用户轻松找到需要的技术专家。

3. 统计分析报告

利用海量的科技成果数据和多年的数据统计分析经验，在科技成果统计分析领域具有得天独厚的优势，为客户提供各种科技成果研发统计分析报告，包括科技成果年度统计分析报告和科技成果研发热点分析报告等，以确保客户能够及时掌握所关注产业领域的研发状态和发展趋势。

4. 成果对接活动

根据客户提出的需求，整合企业、专家、科研机构多方面资源，为客户提供专项对接服务，组织国家科技重大成果、国家科技奖励成果对接活动。包括：定位用户特定的需求，在3个资源库（科技成果库、科研人员库、科研机构库）中进行项目、人员、机构的精确匹配，组织线上线下的技术对接服务。

（二）万方数据知识服务平台之"中国科技成果数据库"

中国科技成果数据库（China Scientific & Technological Achievements Database，CSTAD），收录始于1978年，来源于各省、市、部委鉴定后上报国家科技部的科技成果及星火科技成果，涵盖新技术、新产品、新工艺、新材料、新设计等众多学科领域。

（三）中国知网《中国科技项目创新成果鉴定意见数据库（知网版）》

《中国科技项目创新成果鉴定意见数据库（知网版）》主要收录正式登记的中国科技成果，按行业、成果级别、学科领域分类。每条成果信息包含成果概况、立项、评价，知识产权状况及成果应用，成果完成单位、完成人等基本信息。核心数据为登记成果数据，具备正规的政府采集渠道，权威、准确。

《中国科技项目创新成果鉴定意见数据库（知网版）》是唯一收录专家组对该项成果的推广应用前景与措施、主要技术文件目录及来源、测试报告和鉴定意见等内容的鉴定数据。与其他的科技成果数据库相比，《中国科技项目创新成果鉴定意见数据库（知网版）》中的每项成果记录中，包含与该成果相关的最新文献、科技成果、标准等信息，可以完整地展现该成果产生的背景、最新发展动态、相关领域的发展趋势，可以浏览成果完成人和成果完成机构更多的论述以及其在各种出版物上发表的文献。

三、国外科技报告及其检索工具

目前，世界上各发达国家及部分发展中国家每年都有相当数量的科技报告产生。这些报告中，尤以美、英、法、德、日等国的科技报告为多。据统计，全世界每年产生的科技报告总计达100万件。其中，美国科技报告出版数量占世界的科技报告总量的80%左右，是世界各国科技人员关注的重心。

（一）美国四大报告的网络检索系统

NTIS数据库由美国商务部技术管理局下的国家技术情报服务处（National Technical Information Service，简称NTIS）编辑出版。NTIS是检索美国科技报告和其他国家科技报告的一个最重要的数据库，其对应的印刷版检索工具是《政府报告通报及索引》。

它以收录美国政府立项研究及开发的项目报告为主，如美国商务部的全部PB报告，美国国防部的公开和解密AD报告以及部分美国国家航空与航天局的NASA报告和美国能源部的DOE报告，还包括美国农业部、教育部、环保局、健康与人类服务部、住房与城市部等的科技报告；少量收录世界各国以及一些国际组织等的科学研究报告。包括项目进展过程中所做的一些初期报告、中期报告、最终报告等，反映政府最新重视的项目进展。涵盖的学科主题主要有：经济与管理学、工程技术、农业与食品、自然科学、行为与社会学、建筑工业技术等学科领域。该库75%的文献是科技报告，其他文献有专利、会议论文、期刊论文、翻译文献；25%的文献是美国以外的文献；90%的文献是英文文献。专业内容覆盖科学技术各个领域。检索结果为报告题录和文摘。该数据库每年新增约60 000条数据。通过NTIS主页可免费查询1990年以来NTIS数据库的文献文摘信息，部分报告提供原文。

国内多家图书馆及文献信息机构购买了NTIS的光盘和网络版文摘数据库，通过设在清华大学的剑桥科学文摘（CSA）中国镜像站点及美国工程索引（EI）中国镜像站点可直接查询该数据库的信息。

（二）DOE Information Bridge

该网站上的信息由美国能源部科技信息办公室提供。该库为题录和全文混合型技术报告数据库，内容主要为原子能及其应用方面，也涉及物理、化学、材料、生物、环境科学、能源技术、工程、计算机、信息科学、再生资源等其他相关学科。可以检索并获得美国能源部（Department of Energy）提供的研究与发展报告全文。提供简单检索和高级检索两种方式。

（三）NASA STI

NASA STI 是 NASA 的科技信息服务网站，提供 NASA Technical Reports Server（NTRS）的科技报告检索。其资料主要来源于全国航空咨询委员会（NACA）、美国国家航空航天局（NASA）及美国国家航空航天局多媒体资源数据库。报告内容侧重于航空和空间技术领域，同时也广泛涉及许多基础学科和技术学科，如物理、化学、机械仪表、电子、材料等。提供NASA报告的题录、文摘及部分PDF格式的报告全文。

此外，NASA STI 还提供《STAR》（宇航科技报告）网络版的检索。其中，《STAR》提供与其印刷版（1996年36卷起）完全相同的网络版，并供免费检索下载。但其他专题信息，如航空航天医疗与生物、航天专利等仅提供收费的服务。

（四）其他查找科技报告的网站

1. Science.gov

该网站为美国政府科学信息门户网站，提供全文检索。

2. NISC

美国国家信息服务公司（National Information Services Corporation，简写为 NISC）的网址。NISC 已被 EBSCO 出版公司收购，使用EBSCOhost平台进行检索。提供自然科学、社会科学、艺术及人文科学方面的书目式、文摘式和全文本式数据库服务。

3. NBER Working Paper

这是美国国家经济研究局（National Bureau of Economic Research）的研究报告文摘。在其出版物菜单中可检索科技报告（Working Paper）。提供书目检索和全文检索两种方式。

【复习思考题】

1. 专利的概念及其特点是什么？我国专利的类型有哪些？

2. 检索中国专利文献的数据库有哪些？

4. 何为学位论文？有哪些数据库能检索到国内的学位论文？

5. 举例说明 ProQuest 国际学位论文数据库的检索方法。

6. 检索国内会议文献的数据库有哪些？

7. 举例说明 Proceedings.com 网络数据库的检索方法。

8. 检索国内标准文献的数据库有哪些？

9. 国内科技报告网络检索系统有哪些？

第六章　多媒体信息检索

【内容概要】

本章从介绍多媒体信息检索的基本相关概念、检索途径与策略入手，概括了多媒体信息检索的原理与数据库技术，并详细介绍了基于内容的多种多媒体信息的检索原理。最后，本章对常用的多媒体搜索引擎与检索系统做了简要介绍，并对多媒体信息检索的发展前景进行了探讨与展望。

【要点提示】

- 多媒体信息检索的相关概念与特点
- 多媒体信息检索途径与检索策略
- 多媒体信息检索的原理与数据库技术
- 基于内容的图像、视频、音频信息检索
- 常用多媒体搜索引擎与检索系统介绍
- 多媒体信息检索的发展前景展望

第一节　多媒体信息检索概述

一、多媒体信息检索概述

（一）多媒体信息检索

多媒体信息检索技术是把文字、声音、图像、图形等多种信息的传播载体通过计算机进行数字化加工处理而形成的一种综合技术。目前有基于文本和基于内容特征的两种多媒体信息检索方式。

（二）常见的多媒体元素

1. 图像

图像是由输入设备捕捉的实际场景并以数字化存储的任意画面。图像文件的计算机存储格式有很多种，如 BMP、PCX、TIF、TGA、GIF、JPG 等。图像的关键技术是图像扫描、编辑、压缩、快速解压和色彩一致性再现等。图像处理一般要考虑 3 个方面的因素。①影响图片质量的分辨率，包括屏幕分辨率、图像分辨率和像素分辨率 3 种。②图像灰度，即每个图像的最大颜色数。简单的图画和卡通可用 16 色，而自然风景图则至少要 256 色。③图像文件大小（单位为：Byte 字节）的表述方法为（垂直方向的像素值 × 水平方向的像素值）。

2. 音频

数字音频可分为波形声音、语音和音乐。波形声音可对任何声音进行采样量化并恰当还原，它与人类语音文件具有相同的 WAV 或 VOC 文件格式。音乐是符号化了的声音，可以将乐谱转变为符号媒体形式，如 MID 或 CMF。计算机音频技术主要包括声音的采集、数字化、压缩与解压缩、声音的播放。影响数字声音波形质量的主要因素有 3 个。①采样频率。频率越高，质量越好。②采样精度，即每次采样的信息量。③通道数。一般分为一个波形的单声道和两个波形的立体声道。需要注意的是，通道数越多，所占存储空间就越大，为了使声音保真并节约存储空间，需要在两者之间找到平衡点。

音频数据一般用音量、音调、音强、带宽、音长和音色等属性来描述。其中，音量、音调、音强、带宽、音长属于易于通过技术手段进行量化建模，而对音色的处理与捕捉较为困难。

3. 视频

若干来自录像带、摄像机等影像信号源的图像数据的连续播放便形成了视频。在视频中有如下几个重要参数。①数据量。如果图像的数据量很大，就会影响到计算机的处理速度，显示可能失真，这就要通过降低帧速、缩小画面尺寸等方法来降低数据量。②图像质量。它与视频数据压缩的倍数相关，具体操作中也要选择好凸显质量与压缩倍数之间的平衡点。

二、多媒体信息检索的特点

（一）多样性

相对于传统文本信息检索，多媒体信息的多样性不仅是指简单的载体数量或功能的增加，更多体现在涉及多种感知媒体、表示媒体、存储媒体和显示媒体的信息采集，或生成、传输、存储、处理及显现的全过程中，是一种信息检索的质的变化。

（二）交互性

交互性是指无论是信息的发送方，还是接收方，都可以对各种媒体信息进行编辑、控制和传输，对信息处理的全过程能够进行完全有效的控制，并把结果综合地表现出来，而不是对单一数据、文字、图形、图像或声音的处理。传统的信息交流媒体只能单向地、被动地传播信息，而多媒体则可以通过人对信息的主动选择和控制，实现用户和用户之间、用户和计算机之间的数据的双向交流。

（三）实时性

实时性是指多媒体系统提供同步和实时处理的能力，多媒体信息无论在时间上还是空间上都具有同步性和协调性。这样，人们在检索信息的过程中可以进行多媒体式的交流，充分发挥人体各个感官对信息的接受程度，从视觉、听觉等方面全方位地接收、消化信息。

（四）集成性

多媒体信息的集成性特征具有两层含义：一方面，是指多种信息媒体按照一定的数据模型和组织机构有机地集文字、文本、图形、图像、视频、语音等多媒体信息于一体；另一方面，是指传输、存储和显示媒体设备等各种硬件和软件的集成。

三、多媒体信息检索的途径

面对庞杂无章的多媒体信息源，信息用户可以借助以下几种途径，快速、有效地获取多媒体信息。

（一）利用信息指南

1. 资源指南

利用互联网的资源指南是最为直接的一种方法。资源指南通常会详尽介绍互联网资源类目、互联网网址大全、参考信息数据库等等，可以迅速查找到有关网址等信息。

2. 主题指南

主题指南又称"专题指南"，或"列表查询引擎"，它实际上是人工建立的结构化的互联网网址主题类目和子类目。按照字母、时间、地点、主题等顺序排列，适用于用户通过主题流量网络站点和检索有关信息。主题指南的优点是人工干预提高了主题指南返回结果的相关性；缺点是根据网站链路查找信息，难以控制主题等级类目的质量，信息检索的发散性较弱。除综合性主题指南外，为了适应网上各种类型信息的发展变化，又出现了由某一领域的专家编制和维护的专业性主题指南，它在信息准确性和易于理解方面均优于前者。

（二）借助搜索引擎

搜索引擎是收集、整理网上信息资源并按一定规则加以整理和组织，供人们按相应的规则提取信息线索，并能直接链接到相关站点的网上信息搜索工具。常用的基于文本方式的多媒体搜索引擎有：雅虎公司提供的进行图像检索的多媒体信息检索服务引擎 Image Surfer。该搜索引擎采用关键词进行检索，具有自动截词检索功能；可检索视频和音频信息，并能对 AVI、MIDI、MPEG、Real、QuickTime、WAV 等媒体格式进行检索；可对图像、MP3/Audio、视频等进行选择检索。

（三）直接利用多媒体信息检索系统

由于图像、音频、视频等多媒体信息日益丰富，专门针对这类信息的检索系统也应运而生。利用这些专门的声像检索系统，可以很方便地查找到所需的多媒体信息。目前，国内外已研发出了多个基于内容的多媒体信息检索系统。主要有 QBIC、Webseek、VideoQ、FindSounds 等。

四、多媒体信息检索的策略

（一）选定关键词

对于一般信息用户，可以先到专业权威网站，输入初步确定的关键词，在搜索结果中找出部分相关信息，然后通过不断修正检索关键词，再进行全面系统的检索。这样不仅能保证检索出来的资料的可用性强，还可以避免因关键词的不正确所造成的时间浪费。

（二）有针对地选择搜索引擎

不同的搜索引擎有其自身不同的设计目的与产品定位，有的是专用于新闻组的搜索，有的是针对邮递列表或互联网中际聊天等的搜索；有的侧重于搜索的全面性，有的更注重搜索结果的专指度。因此，用不同的搜索引擎进行查询得到的结果往往有很大差异，在进行多媒体信息检索时，要根据自己的需要，在充分了解不同搜索引擎特性的基础上，选择更合适的搜索引擎。

（三）综合利用多种搜索引擎

我们通过搜索引擎搜索多媒体信息，其实是在该搜索引擎服务器的数据库中进行匹配查找。不同的搜索引擎，他们的数据库在收录范围、数量、索引方式等方面是不相同的。有的支持高级搜索引擎，有的提供辅助工具。因此，多媒体信息检索若只使用某一种搜索引擎，则查全率和查准率都很难达到最佳的效果。若想对某一专题进行准确的了解，应尽量多尝试几种搜索引擎，再对结果进行分析和评价。

五、多媒体信息检索的原理

基于文本和基于内容的多媒体信息检索是目前主要的两种多媒体信息检索方式，两者的检索原理各不相同。

（一）基于文本的多媒体信息检索

网上大部分媒体搜索引擎是基于文本的检索。该方法的依据是人工分析和判断、选择、记录能反映多媒体信息内容特征和物理特征的关键词，为多媒体信息建立可供利用的索引和标识。用户在检索信息时，系统按照关键词匹配程度查找相似的多媒体文件。此类检索方式一般有如下几种。

1. 按多媒体信息的分类查找

人为地将多媒体信息分为学术信息和娱乐、健康、新闻等生活信息，用户在检索信息时可以直接按照信息的分类查找。

2. 按照文件扩展名查找

如图像文件可以通过 BMP、GIF、TIF、PCX、JPEG 等扩展名查找，音频文件常以 WAV、MP3、MID 等扩展名查找。

3. 按照关键词查找

这是指根据某些页面的页标题，将由人工选择或指定的某些多媒体信息内容的关键词制成标签，为人们提供查找信息的线索方法。

但是这种基于人工创建元数据的多媒体信息索引方法不可避免地存在主观性弊端，而多媒体信息是一种多维度的非线性信息，人工注释很难穷尽信息的各个方面，因此发展基于客观内容特征提取的多媒体信息检索势在必行。

（二）基于内容的多媒体信息检索

多媒体技术、网络技术和信息数字化处理等高新技术的飞速发展，使得多媒体数量激增，特别在网络上，信息不再只是单纯的文本信息，图形、图像、视频、声音等多媒体信息逐渐占有越来越大的比重，一种基于内容的多媒体数据库查询与检索技术——CBR（Content Based Retrieval）应运而生了。与传统的信息检索相比，CBR 有如下特点。

1. 相似性检索

CBR 采用一种近似匹配（或局部匹配）的方法和技术，通过逐步求精来获得查询和检索结果，摒弃了传统的精确匹配技术，避免了因采用传统检索方法带来的不确定性。

2. 直接从内容中提取信息线索

CBR 直接对文本、图像、视频、音频进行分析，从中抽取内容特征，然后利用这些内容特征建立索引并进行检索。

3. 满足用户多层次的检索要求

CBR 检索系统通常由媒体库、特征库和知识库组成。媒体库包含多媒体数据，如文本、图像、音频、视频等；特征库包含用户输入的特征和预处理自动提取的内容特征；知识库包含领域知识和通用知识，其中的知识表达可以更换，以适应各种不同领域的应用要求。

基于内容的多媒体信息检索主要利用计算机自动收集、量化和存储信息内容自身的特征（如颜色、纹理、形状）、表示成向量空间，建立基于内容特征的多媒体索引库。用户在查询过程中，系统会自动将用户提问转化为向量，并与已有信息的向量空间进行相似度匹配计算，具有较强的客观性。

（三）基于内容的多媒体索引库的建立主要有三种途径

1. 编码系统法

编码系统法采用某种特定的编码系统来标识多媒体信息中分析出来的各个独立对象，并根据对象间存在的联系进行相应的代码拼接、组合，以此完成多媒体信息的整体标引。例如，基于乐谱编码的 Plaine and Easie Code 系统就是使用数字与字母组合，将乐谱中的音符、节奏、休止符、平滑度等信息转化为代码，并与 MARC 记录中的各个子字段标识符相结合，成为相应的一条记录，实现最终标引。

2. 自由文本法（又称"报告法"）

利用自然语言的特点，先将图像、声音等多媒体信息的内容用文字进行描述，揭示其内在的各种语义联系、时空关联等，形成描述性的自由文本后，通过对其内容的概念标引，间接地完成对原有多媒体信息记录内容的标引。

3. 特征描述法

特征描述法是从多媒体信息中捕获人们感觉最明显的特征来描述和标引多媒体信息，如图像内容中的颜色、纹理及时空关系；视频内容中的对象的运动特征、颜色和光线变化要素；音频内容中的时域、频域，时频、音频，等等。

多媒体信息的数据量大，特征空间的维度高。当用户检索时，仅靠系统提供基于文本或基于内容特征的信息检索方式是远远不够的。在目前基于内容的多媒体信息检索技术还不完善的情况下，实现两种多媒体检索方式之间的共存、协调和互补，才能更好满足用户的检索要求。

六、多媒体信息检索的数据库技术

多媒体数据库技术是实现信息检索的关键技术。传统关系型数据库系统（Relation Database Management System，RDBMS）支持对象存储类型简单，对象操作功能薄弱，无法高效率地存储和处理复杂的多媒体类型数据。所以，开发新的多媒体数据库的索引与结构模式成为研究的重点。

（一）面向对象的关系数据模型

利用在相关数据上体现面向对象的思想，通过面向对象的编程语言开发相关数据库软件，让用户能够实现面向对象的相关操作。例如，在关系数据中存储多媒体信息的位置，即题目、关键词等，其作为索引存储到关系型数据库中，实际上相关信息是存储到了数据库之外的相关服务器上。此种存储多媒体信息的方式虽然不会降低数据库性能，但也存在一定缺陷，如安全性较差等。

（二）纯粹面向对象模型

纯粹面向对象模型（OODB）采用全新的数据模型，利用ODQL语言，在SQL功能基础上增加基于内容的检索机制以实现对数据库的查询。该模型的优点是结构清晰且效率高，但也存在着实际难度较大，没有统一的理论基础，以及与关系数据库兼容性较差等缺陷，所以目前还不能完全取代关系数据库。

（三）关系+面相对象模型

因为纯粹面向对象模型相关理论及技术的不成熟，人们试图寻找将关系及面向对象模型结合在一起的方法，以此来建立起对象——关系模型数据库（ORDB）。其实现过程是在关系数据库基础上增加一些要素，如描述非文本、非结构化数据等，利用二机制大对象（BLOB）来存储相关对象，以实现跨平台检索的要求。该模型具有支持复杂对象及其行为，处理新的数据类型，以及添加相关应用程序而不破坏关系数据库的优点。其在发展成关系数据模型上引入面向对象的方法，一方面满足了传统的需求，另一方面也为新应用发展搭建了良好的平台。然而，该模型也存在一些不足，如不支持面向对象的语义，其面向对象的机制因厂家的不同而难以统一，由于保留关系型数据结构，使得相关面向对象的特征难以完全体现，这些大大降低了数据库的整体效率。

七、多媒体信息检索发展前景展望

虽然多媒体信息检索的发展已经取得了一定进展，但在某些方面仍然存在不足，如用户查询界面与途径不够丰富、多媒体特征信息表示方法不完善等。

（一）网络化协作检索

随着科技的发展，多媒体数据库系统网络化特征越来越明显。为了适应网络信息多样化的要求，更好地实现网络信息服务功能，多媒体数据库的标引互动逐渐显现出网络化共同协作需求：无论是对基于文本还是基于内容的多媒体信息进行检索，人们都无法完全自动提取相应的多媒体数据，及时提取出来的结果也不能保证不受个人主观因素的影响。分众分类的提出在某种程度上为保证多媒体信息检索的客观性提供了一定的借鉴思路：分众分类的思想就是通过某种方式分配标签，再通过相应的导航系统将相对无结构的文件组织起来并进行搜索。

（二）全方位多维检索

对于日新月异的多媒体信息的发展，我们不能局限于基本文本或基于内容对其进行检索，我们可以试图探索将多媒体信息的外部特征与内部特征相结合，将信息媒体的视觉特征、听觉特征等多重特征相结合，从整体到局部，从各个角度为各个对象建立全面的多维度的特征表音。可以通过语义分析的方法，将各个部分、各个对象之间丰富的语义联系描绘成语义图的形式，一起存储在数据库中，建立多媒体数据库最全面、最精确的标引系统。

（三）反馈交互检索

多媒体检索中的人机交互仍然是未来几年研究的重点。在交互过程中如何快速地通过少量的反馈样本集进行学习以改进检索精度，如何从反馈中积累知识，如何实现功能强大并且有好的智能化查询界面，以充分表达用户的要求，与用户进行更好的交互等都是需要我们进一步研究和探索的。

（四）集成标准化检索

目前，多媒体数据库集成化程度还比较低。将多媒体数据库的标引技术与具有信息浏览和交叉联想式查询功能的超文本技术，以及其他先进的多媒体技术紧密结合，来进一步优化多媒体信息检索功能，成为今后的发展方向。当然，在实现多媒体信息检索集成化的过程中，逐步消除各种代码系统及语词、语义系统的歧义性，协调各个部门的标引策略，提高多媒体信息检索的标准化程度，促使各类多媒体信息的标引成果在全世界各地区实现共享，也成为多媒体信息检索发展的努力方向。

第二节　基于内容的多媒体信息检索

一、基于内容的图像信息检索

（一）基于内容的图像信息检索的原理

基于内容的图像信息检索的基本原理是：首先根据图像分析的结果，提取出声音、形状等要素信息，建立图像索引数据库；当用户进行检索时，系统自动将相关检索提问式与特征数据库中的要素进行匹配，输出相关结果。具体来说，图像可以分为像素层、纹理层和内容层三层。其中，像素层仅对图像的像素进行对应比较；纹理层是对像素之间关系的提炼，根据这些像素块表达的含义进行分类；而对图像纹理之间关系的语义描述就可以得到内容层，通过内容层描述，就可以在待查询的图片中找到指定的图像。

（二）基于内容的图像信息检索的方法

1. 基于颜色特征的图像检索

作为图像检索最为基础的检索方法，基于颜色特征的图像检索最为核心的部分就是对图像色彩的研究。当前，基于颜色特征的检索分为：全局检索和局部检索。所谓全局检索是按全局颜色的分布来索引图像，计算每种颜色的色素，检索出具有相同颜色内容的像素的图像。而局部检索指的是局部相似的颜色区域，它考虑了颜色的分类和一些初级的集合特征。经过不断地深入研究，人们对于颜色特征的研究已经卓有成效，但目前存在的主要问题是由于色彩空间选择的不统一，使得对于色彩之间的度量方法不同，这就给评价各种检索效果带来了难度。

2. 基于纹理特征的图像检索

对于图像信息来说，除了颜色特征之外，纹理也是图像的一个重要特征。目前对于纹理特征的描述主要有结构方法和统计方法两种。前者是对图像中具有结构规律的特征加以分析，后者是对图像中色彩强度的空间分布信息进行统计。目前已经有很多度量纹理特征的方法，比如粗糙度、对比度、方向度、粗略度方法等等。关于对纹理特征的描述，目前还没有一个统一的标准来表示纹理特征。我们相信，随着小波变换概念的引入和发展，相关纹理特征表示的问题很快就会迎刃而解。

3. 基于形状特征的图像检索

形状是描述图像的重要特征。它一方面具有更明显的特征，另一方面其本身的复杂性要求对图像进行分割。但由于技术的限制，有些图像难以实现分割，因而限制了其应用场合。目前对于图像形状特征的描述和利用，主要是从形状的轮廓特征和形状的区域特征两个方面来进行的，即基于边界和基于区域的两类方法。前者使用形状的外部边界，主要描述方法有链码、样条和多边形逼近等；后者使用整个区域。

4. 基于空间特征的图像检索

这是运用空间关系对图像进行检索时，利用直角坐标系将图像分解，分出相关颜色区域，以此作为检索的依据的方法。此外，还可将图像分为若干子块，提取各个子块的特征建立索引。此种方法从理论上来说简单易行，但在实际中难以做到精准、均匀的图像分割，并且代价高昂。到目前为止，虽然它还不能成为图像检索的主要依据和技术，但是我们相信，在不久的将来，它会在图像检索领域扮演越来越重要的角色。

二、基于内容的音频信息检索

音频检索是以波形声音为对象的检索。波形声音是模拟声音数字化而得到的数字音频信号，这里的音频可以代表语音、音乐、自然界和合成的音响。

（一）音频数据的训练和分类

音频数据的训练和分类方便了音频数据库的浏览和查找。第一，通过训练来形成一个声音类。用户选择一些表达某类特性的声音例子（样本），对于每个进入数据库中的声音，先计算其 N 维声学特征矢量，然后计算这些训练样本的平均矢量和协方差矩阵，这个均值和协方差就是用户训练得出的表达某类声音的类模型。第二，把声音按照预定的类组合。先计算被分类声音与以上类模型的距离，可以利用 Euclidean 或 Manhattan 距离度量，然后把距离值与门限（阈值）比较，以确定是否将该声音纳入比较的声音类。

（二）基于听觉特征的检索

基于听觉特征的检索为用户提供高级的音频查询接口。听觉感知特性，如基音和音高等，可以自动提取并用于听觉感知的检索，也可以提取其他能够区分不同声音的声学特征，形成特征矢量用于查询。这种方法尤其适合对声音效果数据进行分类，如动物声、机器声、乐器声、语音和其他自然声等。

（三）基于音频分割的检索

上述方法适合单体声音的情况，如一小段电话铃声、汽车鸣笛声等。但是，一般的情况是一段录音中上述各种声音可能会混在一起。这需要在处理单体声音之前先分割长段的音频录音。通过信号的声学分析并查找声音的转变点就可以实现音频的分割。转变点是度量特征突然改变的地方。转变点定义信号的区段，然后这些区段就可以作为单个的声音处理。这些技术包括：暂停段检测、说话人改变检测、男女声辨别等。

三、基于内容的视频信息检索

所谓基于内容的视频信息检索就是从海量的视频信息中检索到自己需要的视频片断。传统的视频信息检索除了文本方式以外，就是使用快进、快退等简单枯燥而且低效的人工检索方式。然而，现代的信息检索需求已经远远超越了这种传统方法，现代的视频检索希望通过画面、声音、视频情节等来检索到想要的视频文件或者影像片断，视频数据是一个二维图像流序列，它是非结构化的。要实现基于内容的视频检索，首先必须对这种非结构化的图像流进行处理，使之成为结构化的数据，这样才能够提取各种特征，从而达到基于内容检索的目的。

（一）视频数据的处理

基于内容的视频处理包括视频结构的分割、代表帧的抽取及视频特征的提取三部分，其中视频分割最为关键。视频分割的目的是为了从视频序列中提取出一些实体，即所谓的视频对象。视频分割主要有数据驱动方法和模型驱动方法。按照人工参与的程度，分为自动分割和半自动分割。

在分割后还要提出相关帧，其基本原理是：依据不同镜头的颜色、亮度等不同特征而区别出镜头的切换。这是可以通过计算帧间差的方法得到的，不同的镜头各帧的差别比较大，相同的镜头帧的区别较小。就像我们对文本文献的标引一样，我们在完成视频切割相关镜头这一步骤之后，也要找出镜头的"关键词"——关键帧。关键帧是指能够代表镜头的一个帧，这个帧要包含本镜头的主要信息，而且不能太复杂，要便于处理。比较经典的形成关键帧的方法是帧平均法和直立图平均法。视频分割成镜头后，就要对各个镜头进行特征提取，建立视频单元的自动索引。即提取镜头的颜色、纹理等各种特征，形成描述镜头的特征空间，以此作为视频聚类和检索的依据。

（二）视频信息的检索

提取视频图像特征后，还要建立基于视频特征的索引。从视频索引内容出发，视频索引可以分为：基于注释的索引、基于特征的索引和基于特定领域的索引。其中，基于注释的索引采用描述性的符号来表示视频段。相关注释语言包括自然语句、关键词等。基于特征索引利用可自动识别的语法内容建立视频索引，其目标是全自动索引。目前其研究主要集中在图像特征和视频特征索引方面。而基于特定领域的索引则是针对某个特定领域建立索引，具有特定的模式。可以先根据固有模式建立逻辑模型，然后在建立索引中，再将特征的提取结果与模型匹配。通过索引，就可以进行基于内容的视频检索和浏览了。

基于内容的检索是一个近似匹配，逐步求精的循环过程，主要包括初始查询说明、相似性匹配、返回结果、特征调整等步骤，直至获得用户满意的查询结果。在基于内容的视频检索中，采用相似性度量对视频进行近似匹配，基于关键帧特征，或是基于镜头动态特征，或者将二者相结合进行查询。并且这一查询过程可以迭代，通过人机交互，以系统可以接受的反馈重新搜索，从而得到更加满意的检索结果。在近年的研究中，视频浏览被提到了与检索同等重要的位置。在现实生活中，人们检索往往没有明确的对象，这就需要利用快速浏览功能查找相关内容，这已成为基于视频检索的研究方向。

第三节　常用多媒体搜索引擎与信息检索系统

一、多媒体信息搜索引擎

多媒体搜索引擎因其使用的便捷性，成为日常人们进行多媒体信息检索的首要选择。现将常用的音乐、图片、视频搜索引擎归纳如下，它们基本上都是基于文本检索原理实现检索的。请见表6-1。

表6-1　常用音乐、图片、视频搜索引擎

类型	名称	网址	简介
音乐	百度MP3搜索	http://mp3.baidu.com/	歌曲链接库,有分类查找和搜索功能,能自动验证链接的有效性
	雅虎MP3搜索	http://music.yahoo.com.cn/	歌曲索引数据库,支持分类检索和浏览
	中搜MP3搜索	http://mp3.zhongsou.com/	收录多种合适的音频信息,有分类查找和搜索功能,能自动统计网页链接情况
	搜狗音乐搜索	http://d.sogou.com/	收录多种类型的音频信息,有分类查找和搜索功能,能根据对用户统计形成"网友热搜分类"
	爱问音乐搜索引擎	http://m.iask.com/	支持按音乐格式进行检索和分类浏览功能
	SOSO音乐搜索	http://music.soso.com/	有分类查找和搜索功能,各种类型的排行榜众多,具有歌曲搜索的标签云功能
	搜网MP3强力音乐大搜索	http://www.sowang.com/mp3search.htm	元搜索引擎,集成了多个音乐搜索引擎的歌曲分类目录
	音乐在线广播电台	http://www.sowang.com/zt/radio.htm	元搜索引擎,集成了国内众多的音乐广播电台
图片	百度图片搜索	http://image.baidu.com/	图片数量大,具有实时性、更新快等特点
	Google图像搜索	http://www.google.com/	图片数量大,支持多语言检索,通过分析页面上图像附近的文字、图像标题以及许多其他元素来确定图像的内容
	必应(Bing)	http://cn.bing.com/	微软的livesearch搜索,功能强大,支持多语言检索
	雅虎图片搜索	http://image.yahoo.com.cn/	图片数量大,类型丰富,有分类浏览功能,能实时统计用户正在搜索的标签
	中搜图片搜索	http://img.zhongsou.com/	图片数量大,类型丰富,有各种各样的大众分类目录
	搜狗图片搜索	http://image.sougou.com/	图片数量大,类型丰富,可以按图像尺寸和用途搜索,统计"一周热词"

类型	名称	网址	简介
视频	Google 视频搜索	http://video.google.com/	可搜索到许多组织的视频数据库索引以及网友上传的视频文件,用户需要下载 Google 视频观看器
	百度视频搜索	http:// video.baidu.com/	汇集几十个在线视频播放网站的视频资源。拥有较多的中文视频资源
	优酷	http://www.youku.com/	视频分享网站,包括用户上传视频、电视剧、电影等多种资源
	Myspace	http://www.myspace.com/	世界上重要的视频分享网站
	CCTV 视频搜索	http:// vsearch.cctv.com/	提供中央电视台各频道电视节目片段
	爱问视频搜索	http://v.iask.com/	文件类型涉及影视题材,音乐 MV,新闻资讯,广告,DV 作品,FLASH
	OpenV 视频搜索	http://www.openv.tv/	中文专业电视及视频搜索引擎
	TVix 视频搜索	http://www.tvix.cn/	提供电视节目,电视剧,电影,MV,自拍的 DV 等
	Yahoo 视频搜索	http://video.search.yahoo.com/	能够搜索 Windows Media、QuickTime、RealNetwork 的 Real Media 等多种格式的视频文件
	AOL 视频搜索(英)	http://search.aol.com/aol－com/videohome	能检索时代华纳周刊的原始授权视频,CNN 和 MSNBC 的新闻片段、华纳兄弟娱乐公司的电影
	SOWANG 视频搜索	http://www.sowang.com /video.htm	元搜索引擎,集成了百度、Google 等众多搜索引擎的视频检索功能

二、多媒体信息检索系统

(一)图像信息检索系统

1. QBIC

QBIC(Query By Image Content)是由 IBM Almaden 研究中心开发的、

基于内容的图像检索系统的典型代表。QBIC 系统允许用户使用构建的草图的图画及选择的颜色和纹理模式，以及镜头和目标运动等图形信息，对大型图像和视频数据进行查询。视频方面主要利用了颜色、纹理、形状、摄像机和对象运动来描述内容。其检索特色包括：①开发了基于聚类的信息检索技术，大大提高了索引速度；②采用"故事板"（Storyboard）的视频表示方法，有效解决了用户在浏览和搜索大量视频数据及长时间观看视频时遇到的传输难题；③采用局部极坐标（Local Polar Coordinate）的过滤方法，实现了对高维图像数据库的快速索引。

2. WebSEEK

WebSEEK 是由哥伦比亚大学开发的一种实验性系统，采用代理自动搜索可视信息并对其进行分类。目前所有的图像信息分为 16 个大类，每个大类下再进一步细分，用户可以浏览检索。除此之外，WebSEEK 还提供关键词检索和多媒体内容特征检索两种检索途径。但 WeebSEEK 只能接受单个关键词检索，无法满足多个检索词组配的高级检索。在基于图像内容检索功能中，用户可以从图像的颜色、纹理和色彩构成等方面查询图像信息。

WebSEEK 的检索途径有 3 种：一是使用关键词进行自由全文检索，但不支持短语检索；二是利用不同的类目等级进行主题浏览；三是在检出图像的基础上利用其可视属性进一步检索。

其检索结果显示为简图及图像尺寸信息，单击简图可得到原图。每个简图下面提供 3 种相似图片衔接，分别是："col"——根据该图颜色在检索出的图像列表中搜索相关图像；"web"——在整个 WebSEEK 目录中根据该图颜色再次检索相近图像；"his"——通过手动调整该图像的颜色直方图进行新的检索。

3. TinEye

TinEye 是由加拿大 Id6e 公司研发的一款图像搜索引擎，该公司专门从事图像搜索工具的开发。在 TinEye 系统中，用户只需向系统上传提交一张图片，就可以了解该图片的来源、在哪些地方被使用过、有没有更改过的或清晰度更高的版本。TinEye 在网络上较早采用图像识别技术，通过提取图像的指纹特征进行检索，而非基于图像的关键词、元数据或水印特征进行检索。

4. Titomo

Titomo是一款视觉图像搜索引擎，开发者利用雅虎旗下图片分享网站Flickr提供的两个样本数据库作为样本库，测试其提出的图像关联及相似度分析算法的性能。该搜索工具具有两种相似度计算模式，不仅可以根据图像的标签判断主题相似度，而且可以根据色彩和纹理决定关联度。

5. VAST

视觉语义图像查询系统（Visual & Semantic Image Search，VAST）由华中科技大学教育部重点实验室"服务计算技术与系统"开发，是一个可以根据语义和内容特征搜索图像的实验系统。该系统目前提供宠物图片、时尚图片和面部图像的检索。

该系统提供以下服务。①文本查询功能：可以直接在文本检索框中输入想要查询的文本关键字；②示例查询功能：在示例图像框中输入想要查询的样例图像，或者点击浏览选择图片；③综合查询功能：在示例图像框中输入想要查询的样例图像，或者点击浏览选择，同时在文本检索框中输入想要查询的文本关键字；④相关反馈：在进行文本查询后，如果满意结果中的某张图片，可以点击该图片下面的反馈链接，系统将返回与此图片相似且与文本关键字相关的图片集。

6. ImageRover

ImageRover是基于因特网的图像导航器。它通过HTML文件，将可视化信息和文本信息统一起来，通过文件采集子系统在因特网上采集网页，通过图像检索系统检索这些网页中的图像。在检索过程中，它要求用户首先输入关键词进行检索，然后在检索结果里再选择根据图像的特征或者语义特征进行进一步的检索。

7. Scour

Scour是较早出现的基于Web的多媒体搜索引擎。严格来讲，它并非一个图像搜索引擎。其工作原理是在文件名、路径名或ALT标签中搜索检索词。主要使用关键词检索，可以用"+"来增加或排除关键词，使用尽可能少的关键词会更有效。在高级检索中，可以将检索图像限制在GIF、BMP、GPEG等格式中。检索结果显示简图、图像类型（如GIF、BMP）、图像大小、最后被查找的日期、检索词的匹配数、标引使用的关键词、成功下载的可靠程度等，并同时给出图像文件各源站点的URL。其主要的缺陷是标引不足，查准率较低，但查全率较好。

8. Amazing Picture Machine

Amazing Picture Machine 是由 NCRTEC 组织开发的一个"真正人工建立的完全的关键词式索引",由其后台的教师负责选择图像丰富的站点,然后对每幅选定的图像的内容进行描述,给出关键词。其最大特点就是人工干预,关键词检索是其主要的检索手段。

搜索结果显示出一个简短的标题,显示与图像相关的说明(如彩色或黑白)、文件的大小、文件类型及像素多少等。单击该标题可得到原图像,但需要通过 URL 回溯才能找出源站点。

由于人工干预检索过程,该系统的检准率较高,但这也限制了它的查全率。此外,该系统的检索范围很有限,只包括 Web 上人工选择的部分站点。

9. Lycos

Lycos 对所收录的图像进行内容描述,并支持短语检索,从而使其查准率大大提高。其搜索范围包括整个网络和一个内涵丰富的图库,该图库提供按照主题目录的浏览检索功能。Lycos 可以根据文件扩展名识别图像,在描述词、文件名、目录名或 ALT 字段中查询检索词。结果显示的信息极为丰富,包括简图、图像尺寸、最后检索日期、图像文件名、图像内容描述词、图像所在页面等。点击简图将得到原图及更多的信息,如著作权人和更多的相关图像。比较而言,它的检索效果较好,速度也较快。

10. Image Surfer

Image Surfer 是雅虎公司提供的图像搜索引擎。它包括分类浏览检索和关键词搜索两种功能。Image Surfer 采用网上"蜘蛛"确定图片的位置,并对图片进行分类。关键词搜索需要采用某些人工干预,在用关键词进行搜索时,Image Surfer 仍是在页面标题、目录、文件名、通向图像文件的链路中查找所要找的词汇。值得一提的是,它还提供了基于内容的图像检索,可以执行颜色、形状、纹理以及与用户的"种子图像"相类似的图像组合型的可视搜索,但这种搜索只能在分类浏览时而且是预先定义的类目中进行。

(二) 音频信息检索系统

音频信息检索系统与图像信息检索相似,有些综合性的搜索引擎也具有一定的搜索声音信息的功能，如雅虎有专门的电影（Movie）与音乐（Music）频道，Alta Vista在音频文件检索（MP3/Audio）中，可以增加对艺术家（artist）、歌曲（song）与流派（genre）字段的检索，如输入artist：mozart，查找姓名为mozart的艺术家的音频文件。若直接去专门检索声音信息的网站，收获会更大。

（三）视频信息检索系统

1. VisualSEEk

VisualSEEk是美国哥伦比亚大学研发的一种在互联网上使用的"基于内容"的图像/视频检索系统。该系统根据所见图像中的不同色块的空间关系进行相似匹配，提供根据视觉特征、图像注释、草图甚至是图像的URL等特征查询信息。

2. VideoQ

VideoQ是哥伦比亚大学研究的一个项目。它扩充了传统的关键字和主题导航的查询方法，允许用户使用视觉特征和时空特征来检索视频。它有以下几个特征：集成文本和视觉搜索方法；自动的视频对象分割和追踪；丰富的视距特征库，包括颜色、纹理、形状的运动；通过WWW互联网交互查询和浏览。

3. TV-FI

TV-FI（Tsinghua Video Find It）是清华大学开发的视频节目管理系统。这个系统提供如下几个功能：视频数据入库，基于内容的浏览、检索等。TV-FI提供多种模式访问视频数据，包括基于关键字的查询、基于示例的查询、按视频结构进行浏览，以及按时访问视频数据，包括基于关键字的查询、基于示例的查询、按视频结构进行浏览，以及按用户自己预先定义的类别进行浏览。

【复习思考题】

1. 生活中常用的多媒体信息检索工具有哪些?

2. 试分析基于文本的多媒体信息检索与基于内容的多媒体信息检索的异同。

3. 了解国内外多媒体信息检索技术的新进展。

4. 试述你对多媒体信息检索的未来发展有何期待与看法。

第七章　网络信息检索

【内容概要】

本章首先介绍了网络信息检索的基础理论概念、类型和特点，着重介绍了网络信息资源的检索途径、检索方法、检索技术与技巧。其次介绍了国内外不同类型著名搜索引擎各自的检索特点。最后介绍了开放获取Open Access资源的概念、类型以及检索技术，并详细介绍了常用的OA开放资源。

【要点提示】

- 网络信息检索的概念、特点及检索技术
- 搜索引擎的构成与工作原理
- 国内外著名目录型、关键词检索型及元搜索引擎介绍
- 介绍OA资源的概念、检索技术及主要资源

第一节　网络信息检索概述

一、网络信息检索的概念及特点

网络信息检索就是将描述特定用户所需网络信息的提问特征与信息存储的检索进行匹配，从中找出与提问特征一致的网络信息的过程。

网络信息检索是互联网发展的必然产物，相对于传统文献检索，网络信息检索有其自身的特点。

（一）界面友好，操作便利

网络信息检索采用C/S结构的支持系统，通过交互式的图形界面查询，为用户提供友好的查询接口和简单统一的用户界面。用户只需向客户端提出查询请求，系统会自动提交给服务器。用户只需要掌握一些简单的检索技巧就可以操作。

（二）交互性强

互联网信息资源是利用超文本技术形成有机的联系，这种机制将不同服务器、不同段落的文件联系起来。用户可以交互、不受限制地检索自己感兴趣的页面资源。

（三）多途径、多元化检索

一方面，网络信息检索可以从多种载体、多种角度进行检索，如可以通过题名、作者、关键词等多种途径进行检索；另一方面，检索结果中不仅包含文字、图片，还可以有声音、动画等多种形式的内容。

二、网络信息检索的类型

（一）按不同标准分类

网络信息检索按照不同的划分标准可以分为不同的类型。从检索对象的角度出发，可以将网络信息检索分为3类。

1. 内容检索

这是指以检索内容为检索对象的检索形式。如查找"信息组织"的信息，有关"企业制度"的信息等。

2. 数据检索

这是指以数据为检索对象的检索形式。其检索对象包括各种调查数据、统计数据等。

3. 事实检索

这是指以事实为检索对象，查找用户需要的描述型事实。例如查找企业地址、人物生平等。

（二）按网络信息的组织方式分类

1. 全文检索

是指以全文数据库存储为基础，可以对全文数据进行深层次的编辑加工，允许用户采用自然语言表达。

2. 多媒体检索

多媒体技术把文字、声音、图像等多种信息的传播载体通过计算机进行数字化加工处理，形成一种综合技术。

3. 超媒体及超文本检索

超媒体系统是一个由节点和表达节点之间关系的链构成的网状数据库，采用按钮方式组织接口。节点是存储信息的基本单位，可以存储各种形式的数据内容，甚至一段程序。对节点的显示一般采用多窗口浏览方法，每个窗口分别显示一个节点。节点间的链接有索引链和结构链两种方法。超媒体系统主要提供基于浏览的检索方式和基于提问的检索方式。

三、网络信息检索的技术

在通过网络进行信息检索的过程中，除制定科学的检索策略，还需要掌握网络信息检索的相关技术，熟悉各个搜索引擎的特性，以实现检索目的。具体来说，网络信息的检索技术包括以下几种。

（一）布尔逻辑算符检索

在需要输入多个关键词进行检索的情况下，可以通过使用布尔逻辑算符对各关键词之间的逻辑关系加以限定。

（二）位置算符检索

位置算符用于表示词与词之间的相互关系和前后的次序，通过对检索词之间位置关系的限定，进一步对检索结果进行限定。在一个检索式中，可以同时使用多个逻辑运算符，构成一个复合逻辑检索式。复合逻辑检索式中，运算优先级别从高至低依次是 not、and、near、with、or，可以使用括号改变运算次序。如：（cancer or tumor）and therapy。先运算（cancer or tumor），再运算 therapy。

（三）字符串检索

给所需查询的关键词加上双引号，要求查询结果与双引号内的内容精确匹配，不再包含其他检索词的其他演变形式。例如，在搜索引擎的搜索框中输入"安徽大学"，就会显示关于"安徽大学"的检索结果，而不包括"安徽农业大学""安徽工业大学"等检索结果。

（四）截词检索

西文词干与不同前缀和后缀的组合可以派生出很多不同的新词汇，所以截词检索（Truncation Search）就是用截断的词的一个局部进行的检索，并认为凡是满足这个词局部中的所有字符（串）的文献，都为命中文献，从而尽量避免漏检情况的发生。截词方式有多种，按截断的位置来分，有后截断、前截断、中截断三种类型。在目前允许截词的检索工具中，一般提供右截词，截词符采用"*"，部分支持中间截词，左截词很少见。

（五）字段限制检索

大多数搜索引擎都支持元词（meta word）检索功能，这些字段在搜索引擎中一律表现为前缀形式放在关键词前，以表达所要检索内容的明确特征。例如在搜索引擎中输入"太阳能热水器"，就可以查到网页标题中带有"太阳能热水器"的网页。目前，主要使用的元词限制字段包括：主题字段限制的元词、非主题字段限制的元词、新型限制元词等。

（六）模糊检索

这是指当输入一个关键词时，搜索引擎就把所有与关键词有关的词一起作为检索结果反馈给用户，供用户选择、使用。

（七）概念检索

主要指检索某词时，同时将与该词类似概念的同义词和近义词一起作为检索词进行检索，以达到扩大检索范围，提高检全率，避免漏检的目的。

除上述搜索引擎基本具备的检索技术外，以搜狐的搜狗为代表的第三代中文智能搜索引擎采用的检索技术也日趋成熟。这些技术有以下特点。

1. 自然语言理解检索

自然语言理解技术的应用使得搜索引擎对网络信息的采集从基于关键词检索上升到知识检索的层面，目前主要包括分词技术、主题搜索、语义理解技术以及机器翻译技术等。

2. P2P（peer to peer）对等网络检索

P2P对等网络技术通过加强文件交换、分布计算等强大功能，使用户无需通过Web服务器，不受信息文档格式和宿主设备的限制，就能够深入对方计算机内搜索文档，通过共享搜索所有硬盘上的文件、目录乃至整个硬盘。传统目录式搜索引擎只能搜索20%—30%的网络资源，P2P对等网络技术与其相比，检索效率大大提高。

3. XML结构化检索

XML可扩展标记语言结构化、规范性及可扩展的特点，使其可以实现超级分布式系统之间多数据集的传输，使得结构化的资源XML与资源的描述框架RDF相互配合，大大提高检准精度。

4. 桌面检索

桌面检索指包括本地搜索以及互联网搜索在内的全方位的桌面搜索技术，搜索方式便捷且专项搜索丰富。在搜索范围上能实现本地硬盘、局域网和互联网搜索。

5. 垂直化搜索

垂直化搜索是在某一特定领域内提供专业信息，利用专业信息的特点和核心技术，并保证对该领域信息的完全收录与及时更新。

四、网络信息检索的技巧

除了要了解网络信息检索的基本技术，我们在日常的检索过程中掌握一定的检索技巧，可以起到事半功倍的效果，提高检索效率。

（一）Ctrl+F键

在用搜索引擎检索到并打开所需网页后，有时会出现所需信息不在当前页面的情况，这可能是因为所需信息存放于当前页面底部。解决这个问题最快捷的方法是按Ctrl + F键在当前网页中查找特定文件。

（二）URL（Uniform Resource Locator）截断

URL截断通常应用于以下两种情况中：①当一个检索过程返回含有许多文档网址时，可以综合总结多个网址结果的共同之处，通过预测文件可能出现的点，截断删除该点右侧的繁复内容，将剩余网址直接输入浏览器的地址栏进行检索；②当获得一个很长的网址并且链接不了时，也可以采取URL截断的方法，从后往前地删除前斜杠后的部分直至链接成功。链接成功后，再查看当前页检索所需文件可能变化的名称和检索路径。

（三）猜测站点的URL

在不知道所需网址的情况下，有时可以凭借对URL基本组成知识的积累以及某些网站情况的了解，猜测出所需网站的URL。一个标准的互联网的统一资源定位器URL，包含文件传输协议、主机域名、端口号、文件路径和文件名几个部分，即Protocol：//hostname［：port］/pathname/filename。其中，主机域名hostname依次由主机名、机构名、机构类别、国家或地区代码四部分构成。在判别主机所在机构性质的情况下，可以根据常用机构类别表推断出站点的URL。如美国电子电气工程师协会（Institute of Electrical and Electronics Engineers）的域名为：www.ieee.org。我国域名有使用汉语拼音缩写的习惯，如"青年文摘"的域名为：www.qnwz.cn 。域名常用机构类别代码如表7-1所示。

表7-1　域名常用机构类别代码

域名	中文含义	域名	中文含义
.com	工商业机构	.gov	政府机构
.net	网络服务机构	.ac	研究机构
.int	国际组织机构	.mil	军事部门
.edu	大学和教育机构	.org	各类组织机构(包括非盈利团体)

第二节　网络信息检索工具

　　网络检索工具是根据检索语言将杂乱无序的信息按一定的方式有系统地组织起来，用以报道、存储检索信息的工具。近年来，以 Yahoo、Google、AltaVista、Lycos 等搜索引擎为代表的 WWW 检索工具逐渐发展起来，成为人们获取网络信息的主要途径与手段。

一、网络信息检索工具的类型

　　按照不同的划分标准，可以将网络信息检索工具划分为不同的类型。

（一）按网络信息资源类型划分

　　网络信息检索工具可分为：Web 资源检索工具（搜索引擎）和非 Web 资源检索工具（如检索 FTP 资源的 Archie；检索 Telnet 资源的 Hytelnet；检索 Usenet 资源的 DejaNews、CataList、Topica；检索 Gopher 资源的 Jughead；检索 WAIS 资源的 WAIS Search Directory；等等）两大类。

（二）按检索内容划分

　　网络信息检索工具可分为：综合型、专业型和特殊型3类。

　　1.综合型检索工具

　　这是指在采集信息资源时不限定资源的学科、主题范围和数据类型，可以利用它们检索到很多方面的网络资源，如 Yahoo、AltaVista、Excite 等就属于此类。

2.专业型检索工具

这是指专门采集某一学科或某一主题范围的信息资源，并对其进行细致地分类和深度标引描述，如 SOSIG、CSTR、Healthcare、Medical World Search 等。

3.特殊型检索工具

这是指为某一特定类型的信息提供检索服务的工具，如查询地图的 Map Blast，查询图形、图像的 WebSEEk 等。

（三）按包含的检索工具数量划分

可分为：单独型检索工具和多元型检索工具。这两类网络检索工具的主要区别在于：前者拥有独立的网络数据资源采集系统和相应的数据库，后者一般没有自己独立的数据库，其提供的仅仅是统一的检索界面、检索方式与检索结果的形式，将多个分散凌乱、形式各异的独立检索工具统一组合起来，提供一个可供检索的虚拟逻辑整体。

（四）按检索工具的数据检索机制划分

可将检索工具分为关键词检索型、目录浏览型和混合型三种类型。①关键词检索型。将用户输入的关键词与自身数据库索引记录相匹配，从而满足特定条件的资源并准确定位。AltaVista、Excite、HotBot、Info-seek、Lycos 等就是著名的检索型检索工具。②目录浏览型。通过用户浏览分级目录来寻找符合需要的信息资源。③混合型。兼备前两种检索方式，是目前大多数搜索引擎提供检索服务的方式。

当然，无论网络检索工具如何分类与发展，其最终目的都是为了更好地满足用户的检索需求。所以，用户在进行信息检索时应清楚了解各类网络检索工具的适用范围与检索特色，以便在检索信息的过程中更好地利用网络检索工具为自身的信息需求服务。

二、搜索引擎概述

（一）搜索引擎的概念

搜索引擎是一种在 Web 上应用的软件系统，它以一定的策略在 web 上搜索和发现信息，在对信息进行处理和组织后，为用户提供 Web 信息查询服务。

（二）搜索引擎的组成结构

一个搜索引擎的构成包括：搜索器、索引器、检索器和用户接口4个部分。

1. 搜索器

搜索器实际上是采用分布式、并行计算等技术，时刻不停地在互联网中搜集 HTML、XML、FTP 以及多媒体等各种新信息，定期更新信息以避免死链接和无效链接的计算机程序。Robot、Spider、WebCrawler、Worm 等网络机器人都是我们通常所说的搜索器。

目前搜索器主要有两种工作方式：一种是由任一个起始 URL 集合开始，依据超链接线路以宽度优先、深度优先或启发式方式循环地搜索互联网中的信息。这类搜索器的工作方式主要被雅虎之类非常流行且包含许多链接的站点使用；另一种是将 Web 空间按照域名、IP 地址或国家域名划分，每个搜索器负责一个子空间进行信息搜索。

2. 索引器

索引器又称目录索引库或数据库，其原理是通过识别搜索器搜索的信息，采用自动标引技术从中抽取出客观与内容索引项用于表示文档，生成文档库的索引表。其中，客观索引项是指与文档的语意内容无关的索引项，如 URL、作者、更新时间、链接流行度（Link Popularity）等；内容索引项则是反映文档内容的索引项，包括关键词及其权重、短语、单字等。一般情况下，索引项越多，检全率越高，检准率就相对越低。当数据量急剧增加时，必须采取即时索引（Instant Indexing）以便跟上信息量更新的速度。索引器的质量在很大程度上决定了一个搜索引擎的有效性。

3. 检索器

检索器的工作原理是根据用户的查询检索式，在索引库中快速检出符合检索需求的文档，再依据文档与查询相关度的评价，对将要输出的结果进行排序，并实现某种用户相关性反馈机制。

4. 用户接口

用户接口是连接用户终端与计算机网络的桥梁，一方面将用户查询检索需求传输到计算机网络，另一方面将符合用户需求的搜索引擎检索结果显示、反馈给用户，从而实现人机交互的高效检索。

（三）搜索引擎的工作原理

搜索引擎首先由搜索器即网络机器人从因特网上收集各站点的摘要信息；再由索引器对该网页上的某些字或全部字做索引，建立本地索引数据库；用户检索时，通过搜索引擎的用户接口访问摘要信息数据库；检索器根据用户的查询条件快速检出文档，并对将要输出的结果进行排序和相关处理；最后再通过用户接口将检索结果反馈给用户。请参见图7-1。

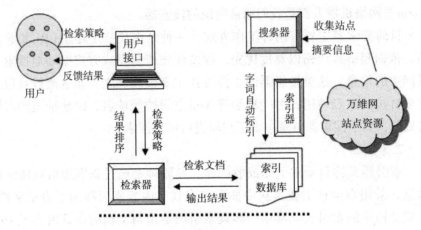

图7-1 搜索引擎工作原理

三、常用的搜索引擎简介

（一）关键词检索型搜索引擎

1. 常用英文关键词检索型搜索引擎

（1）Google

Google由斯坦福大学博士拉里·佩奇和赛吉·布林创立于1998年，是目前世界上最大的搜索引擎。Google的数据库中收录了十几亿个网址的网页、多个图像，提供网页、图像、新闻、网上论坛等多种资源的查询，支持100多种语言。采用了先进的自动搜索技术、Page Rank（网页级别）技术和完善的文本匹配技术，以搜索相关度高而闻名。请参见图7-2。

图 7-2　Google 检索界面

Google 提供关键词检索和主题目录浏览检索两种方式。关键词检索方式除支持简单检索外，还提供语言、日期等高级检索。Google 有如下特色功能。①网页评级技术。将网页按照其重要性先后排列出，并通过网页介绍里的横线长度，来标明此网页的重要程度。②提供除 html 文件外的多种类型文件检索。如 PDF、DOC、PPT、XLS、RTF、SWF、PS 等。③相关检索功能。Google 推出"类似网页"。如果用户对某一网站的内容很感兴趣，但又嫌资料不够，单击"类似网页"后，就可获取与这一网页相关的网页、资料等。④"手气不错"功能。单击该按钮将自动进入第一个检索结果所在的网页。由于 Google 的网页级别技术的支持，检索结果的第一个记录往往是最相关和重要的，因此使用"手气不错"将减少搜索网页的时间。⑤查词纠错。Google 的错别字改正软件会对输入的关键词进行自动扫描，如果发现用其他字词搜索可能会有更好的结果，会提供相应的提示帮助。

（2）Lycos

Lycos 是由卡耐基·梅隆大学开发的一个老牌搜索引擎。Lycos 借助于自动搜索软件收集多种类型的资源，但在 1999 年 Lycos 停止运行自己的 Spider，改由 Fast 提供搜索引擎服务。Lycos 的数据库是在网页的主题词、标题和相关段落最初一段文字的基础上产生一个文摘，搜索结果精确度较高，尤其是搜索图像和声音文件的功能很强。此外，Lycos 也提供 Web 主题目录浏览检索服务。Lycos 用户可以在同一个界面内完成对图像、声音、新闻组的检索，是进行多媒体搜索的一个很好的选择。Lycos 忽略所有的布尔逻辑检索，在检索词前加"＋"表示该词一定出现，检索词前加"－"表示该词一定不出现。与一般搜索引擎不同的是，Lycos 不会忽略短语中的停用词，它可以对包括一般停用词在内的短语进行搜索。请参见图7-3。

图7-3　Lycos检索界面

（3）Excite

1993年，Excite创建于斯坦福大学，目前属于Ask Jeeves公司，以概念搜索为最主要特色。Excite的检索途径有网页检索、图片检索、新闻检索和视频检索4种。Excite支持布尔逻辑运算符，也提供个性化定制服务——My Page，用户可以根据自己兴趣、爱好，设置个性化的界面格式、内容、布局或者颜色。请参见图7-4。

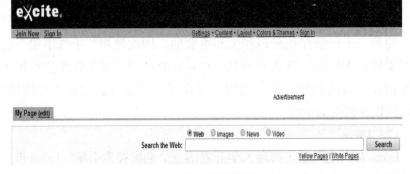

图7-4　Excite检索界面

除上述介绍的国外检索型搜索引擎外，比较著名的还有以用户界面友善、提供大量附加服务闻名的Infoseek，第一个支持对搜索结果进行简单自动分类的Northern Lights，以提供最新、最全面信息服务闻名的门户网站Hotbot，等等。

2.常用中文关键词检索型搜索引擎

（1）百度

百度1999年底成立于美国硅谷，是目前全球最优秀、最大的中文搜索引擎之一。使用高性能的"网络蜘蛛"程序自动地在互联网中搜索信息，可使搜索器能在极短的时间内收集到最大数量的互联网信息。百度提供基本检索和高级检索两种检索方式，支持布尔逻辑算符"或""非"，可将检索范围限制在指定的网站、标题、URL和文档类型。目前百度也推出主题目录浏览检索，由人工维护、更新，共分为5个大类，70多个子类目。基于每天上亿次的搜索数据，百度推出中文搜索风云榜，反映当前的搜索热点。请参见图7-5。

图7-5　百度检索界面

（2）天网

天网是由北大网络实验室研制开发，于1997年10月29日正式在CERNET上向广大Internet用户提供Web信息导航服务的中英文搜索引擎，目前不仅收集WWW资源，而且也收集FTP资源和Maze资源，是国内检索校园网FTP资源的主要工具之一。其中Maze资源即天网个性化信息中心，依托于北大互联网实验室的技术构建，是一个集个性化搜索、大学精品课程、网络课堂、教育商城、即时通讯等诸多功能于一体的全新的个人桌面信息平台。目前，使用天网搜索需要先安装天网Maze软件客户端，用户需要先注册Maze用户号才能正常使用。注册成功后，用户在搜索框中输入关键词即可点击搜索。此外，您还可以根据选择文件后缀名的方式，对资源文件进行更精确地查询，如按照分类、文件类型区分等。在Maze最新版本中新增了Maze BBS板块，在这里，你可以找到相应的板块发布你的资源来达到宣传你的站点的目的，也可以通过发帖的方式得到相关天网Maze问题的答案。同时，Maze BBS还是一个兴趣集合，通过Maze BBS，你可以找到更多与您兴趣相投的Maze用户并成为好友，实现更多的资源共享。请参见图7-6。

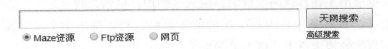

图 7-6　天网检索界面

（二）目录浏览型搜索引擎

1. 常用英文目录浏览型搜索引擎

（1）Yahoo!

Yahoo! 起源于大卫·费罗和杨致远于 1994 年 4 月建立的网络指南信息库，是世界上最早、最典型的目录型搜索引擎之一。它提供集信息检索、用户交流和多种产品于一体的服务。Yahoo! 主题指南采用人工方式采集和存储网站信息，将收集的信息分为 14 个主题大类，每一个大类下面又细分为若干子类，逐层搜索。作为最早的网络资源指南，Yahoo! 目前不仅提供主题目录浏览检索，而且也提供关键词检索服务。2003 年 5 月，雅虎搜索将体育、新闻、电视、金融等搜索功能重新整合，推出了 Yahoo! Search 搜索站点，使其检索功能更加完善。请参见图 7-7。

图 7-7　Yahoo! 检索界面

（2）About

About是目前受到越来越多用户欢迎的垂直主题搜索引擎模式，其内容涵盖700多个主题领域，由公认具有较高专业素养的权威人士负责收集、整理、评价网络信息资源，以实现对用户的引导服务。这种高度专业化的搜索引擎的出现，集中了各种专业资源，为用户提供了专业信息的交流平台，创造了合作机会，成为一个独立的"主题社区"，让不同专业需求的用户都能在其中找到符合需求的权威专业信息以及志同道合的专业合作伙伴。请参见图7-8。

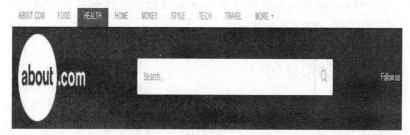

图7-8　About检索界面

2. 常用中文目录浏览型搜索引擎

（1）搜狐

搜狐是1998年推出的中国首家大型分类目录搜索引擎，到现在已经发展成为在中国影响力最大的网络资源指南之一。网站信息的收集与处理一直坚持以人工编辑为主，信息分类则借鉴常用的分类法和行业分类的分类标准。搜狐也提供关键词检索方式，其中高级检索可以按照精确匹配、在特定网站内搜索、在特定的网页标题中搜索以及特定文件搜索等方式搜索。搜狐的特色功能包括：搜索框提示、拼音提示、错别字提示、地图搜索等近20项功能。请参见图7-9。此外，搜狗还新推出了新闻搜索、音乐搜索、图片搜索、知识搜索四项搜索产品供用户使用。

图7-9　搜狐检索界面

（2）新浪

新浪网网站收录资源丰富，分类目录规范细致，目前共有15个大类，1万多个细目和数十万个网站，是互联网上最大规模的中文搜索引擎之一。除了主题目录浏览检索，新浪也提供关键词检索即新浪新闻搜索（http：//search.sina.com.cn/），涵盖新闻、股票、博客、专题等16项检索服务。在高级检索中，用户不但可以通过关键词检索，还可以通过限定频道、检索内容时间、限定新闻源等调整检索范围。请参见图7-10。

图7-10　新浪检索界面

（三）元搜索引擎

元搜索引擎是一种基于搜索引擎的搜索引擎。它与独立式搜索引擎不同，它没有自身的数据库，而是将用户的检索请求转换处理后，提交给多个预先选定的独立搜索引擎，并将所有查询结果以统一格式呈现，弥补了独立搜索引擎搜索不全的缺点，提高了检索的全面性。

1.常用英文元搜索引擎

（1）MetaCrawler

MetaCrawler是1994年由华盛顿大学的Erik Selberg和Oren Etzioni开发的，是最早的且被公认为综合性能最优良的多元搜索引擎之一，现隶属于InfoSpace公司。MetaCrawler除了支持调用Google、Yahoo、Ask Jeeves、About、FindWhat、LookSmart、AltaVista、Overture、Teoma等12个独立的搜索引擎外，还可以同时在9个源搜索引擎中进行并行查找，它本身还提供涵盖近20个主题的目录检索服务。MetaCrawler提供的资源包括网页、图像、音频、视频、新闻、黄页等多种类型。最新的MetaCrawler可以直接在检索框中输入检索关键词，在检索结果中，系统自动推荐6种相近关键词供用户选择。请参见图7-11。

（2）Ixquick

Ixquick由荷兰Surfoard Holding BV公司于1998年在纽约建立。Ixquick自称是"世界上最强大的搜索转移引擎"。利用Ixquick进行搜索时，用户实际上是在同时利用多个流行的搜索引擎展开搜索。Ixquick的特色功能包括强力搜索、多语种搜索、"强力星星评价体系"和主题分类合并功能等。请参见图7-12。

图7-11　Metacrawler 检索界面

图7-12　Ixquick 检索界面

（3）其他著名元搜索引擎

除了上面介绍的两种国外元搜索引擎外，著名的元搜索引擎还有如下一些。

自称"搜索引擎之母"的并行元搜索引擎 Mamma。该搜索引擎可在用户检索适当格式化后，同步搜索7个搜索引擎或数据库，具有支持不同语法在不同搜索引擎中的转换，提供专门检索页面文件标题的特殊检索服务，还具有通过 E-mail 传输检索结果等特殊功能。

唯一一家与所有主要搜索站点签署搜索服务协议的 Dogpile 元搜索引擎。该搜索引擎最大的特点在于不仅可以搜索 Web 界面，还可以搜索 Usenet、FTP 站点和新闻组。Dogpile 的搜索技术十分先进，即使是高级运算符和连接符，它也能将其转换为符合每个搜索引擎的语法。

优秀的智能元搜索引擎 Profusion。该元搜索引擎具有智能化的搜索策略，提供了最好的集成搜索环境。其最大的特色是提供用户自主搜索引擎的选择——用户可以在 Profusion 提供的所有搜索引擎中根据自身需要选择3个最好的搜索引擎，或者3个最快的搜索引擎，或全部搜索引擎以及手动选择若干搜索引擎进行检索等。无论如何选择搜索引擎，Profusion

能够自动实现符合各搜索引擎特殊检索语法要求的转换。

2. 常用中文元搜索引擎

相较于国外元搜索引擎的发展，中文元搜索引擎的总体发展相对落后，但也有比较优秀的产品出现，其中"360搜索"（https：//www.so.com/）可以说是优秀产品的代表。请参见图7-13。

图7-13　360搜索检索界面

360搜索，属于元搜索引擎，是搜索引擎的一种，是通过一个统一的用户界面帮助用户在多个搜索引擎中选择和利用合适的（甚至是同时利用若干个）搜索引擎来实现检索操作，是对分布于网络的多种检索工具的全局控制。

360搜索接受使用检索式的高级检索。如使用"site:"指定站点搜索、使用双引号实现精确检索等。360搜索提供了新闻、网页、问答、百科、音乐等多项检索产品供用户使用，每一个产品集合了多种网站资源，如音乐搜索整合了酷我、虾米等音乐网站，360视频则整合了优酷、土豆、搜狐、奇艺等视频网站资源。

第三节　OA资源检索

一、OA资源概述

（一）OA资源的概念

Open Access，简称OA。OA一词在国内有很多种翻译，常见的译名有：开放获取、开放存取、公共获取、开放阅览等等，目前译名还在不断扩展。布达佩斯倡议对"开放获取"的含义做出了明确的解释："所谓开放获取是指在互联网上免费提供的，允许任何用户阅读、下载、复制、传播、打印和检索的文献，或者提供对文献全文的链接，建立文献索引，并将这些文献作为数据通过相应软件进行传送，或以任何其他合法的目的使用这些文献，而不受任何经济、法律或技术的限制，在复制和传播这些文献时的唯一限制以及该领域版权的唯一作用就是保持文献的完整性，使作者有权控制其作品，并使作品获得承认和正确的引用。"这个定义明确指出了 OA 资源所具有的明显特征：对用户来讲，OA 资源是免费的，用户可以任意的下载、传播，而不受地域和经济、法律、技术等条件的限制；对作者来讲，只要承认作者的研究成果和正确的引用，并保持文献的完整性之外，没有其他任何限制。其目的就是在互联网上建立一条公众获取学术信息的公共渠道。开放获取运动开展以来，互联网上出现了大量的可开放获取的信息资源，我们把这些资源称为"开放获取资源"（Open Access Resources，简称 OAR）。开放获取资源，简单地讲，就是指在互联网上通过开放获取的方式可以获得的具有学术价值的信息。具体讲就是信息发布者在获得授权的前提下，主动将个人的研究成果或作品放在互联网上，通过开放获取的方式进行发布，并以开放获取的方式长期保存，以便人工或机器对其作品进行发现、组织和分析，从而获得最大的学术影响。开放获取资源的出现，为构建新型学术交流体系奠定了良好的基础，解决了学术期刊出版的危机问题。随着学术界需求和国际交流合作的不断增加，开放获取资源的数量得到快速增长，资源质量有了大幅度提高。开放获取资源逐步成为科研工作的重要信息来源。据不完全统计：到目前为止，全球范围内开放仓储数量已超过 2 000 个，开放获取期刊数量已超过 15 000 种。

（二）OA 资源的特征

从布达佩斯倡议中，可以看出 OA 资源所具有的明显特征，但它只是部分的，2007 年开放获取的先行者 Peter Suber 教授对此进行了更深入的阐释，我国的乔冬梅博士根据 Peter 的解释也做出了相应的分析。王云娣教授根据开放获取的定义和产生的时代背景分析，也认为 OA 资源的使用是无限的，学术交流是高效的，OA 资源的类型是多样的。随着 OA 资源的不断发展，OA 资源明显有了新的变化。我们根据 OA 资源的最新发展状况，认为 OA 资源应该具有如下特征。①在内容方面，它既可以是期刊论文、会议论文、电子图书以及个人学术博客、学术论坛等，也可以是专利文献、研究报告等；既可以是文本文件，也可以是多媒体文件；对交流的信息内容只有质量上的控制，而没有形式上的限制。②在获取方面，允许任何人，在任何时间、任何地点无障碍地平等、免费、自由获取和使用开放获取资源，它强调开放传播，交流范围覆盖整个互联网，而没有国家和地域的限制，也不受经济状况的影响。③在权限方面，除作者控制作品的完整性以及引用时需注明相应的信息以外，没有其他任何权限限制，任何人都可以任意进行出于合法目的的阅读、下载、复制、打印、传播、演示等，这样可以极大扩充用户和读者对科研成果和学术文献的使用权限。④在交流方面，由于 OA 资源具有较高的学术价值，因此它可以促进学术交流和科技发展，也可以扩大学术影响力。它可以提高信息交流的直接性和交互性，也可以实现一体化的交互模式；它还重视加强学术交流的时效性，提高文献的自动化处理过程，缩短了学术文献出版的周期。⑤在利用方面，OA 作为一种新的出版模式，既可以提高学术文献的利用率，也可以提高学术文献的被引率。大量的统计调查表明，OA 出版可以显著提高论文的被引频次。例如：对119 924 篇公开发表的计算机科学方面的会议论文调查发现，OA 论文的平均被引次数为 7.03，非 OA 论文的平均被引次数为 2.74。

（三）OA 资源的类型

目前，学术界普遍认为，OA 资源应包括 OA 仓储和 OA 期刊等两种主要类型。乔冬梅博士根据 OA 资源的内涵、特征和发展实践，将 OA 资源按信息交流方式划分为：①OA 期刊；②e 印本文库；③免费数字图书馆；④博客（Blog）；⑤开放目录；⑥学术论坛；⑦个人网页；等。高淑琴则认为，OA 资源还应包括 OA 资源搜索引擎、部分学者的个人主页和个人博客等。

根据以上分析，我们可以将 OA 资源按发布方式和实现途径划分为如下几类。

1. OA 期刊（Open Access Journal，简称 OAJ）

这是为用户提供免费访问服务的，对提交的论文实施严格同行评审的期刊。如：New Horizons in Adult Education 和 the Public Access Computer

Systems Review。

2. OA知识库（Open Access Repository，简称OAR）

OAR也称为e印本文库或称为OA仓储、OA存档库等，它不仅包括预印本，而且也提供后印本。从目前发展情况来看，有机构资料库和学科资料库两种。

3. 开放目录

开放目录也称主题文库，它是一种OA信息资源导航库，为用户提供OA资源的分类和主题的链接服务，使用户方便查询和浏览。如：ODP学术信息资源开放目录。

4. 免费的个人空间

免费的个人空间包括个人博客，也包括个人主页、个人网站、个人社区或个人论坛等，它是由个人自愿建立的、免费共享的个人信息交流平台。内容既可以是个人的随笔和日记，也可以是其他网站的超级链接和评论，还可以是没有版权的学术论文、电子图书、科研成果或共享其他博文等。由于个人空间的范围很广，内容很杂，在这里我们指的是那些具有学术价值的免费个人空间。如：Keven的《数图研究笔记》和老槐博客等。

5. 其他OA资源

除上述几种主要类型的OA资源外，还有一些OA资源分布在免费的数字图书馆、搜索引擎或Web2.0里，如：中国农业数字图书馆、KUKE数字音乐图书馆、Google的学术搜索、百度知道、雅虎知识堂、WIKI、RSS、SNS等等。

二、OA资源实现模式

开放获取（Open Access，简称OA），是基于互联网的一种新型学术交流方式和出版模式，是国际学术界、出版界、图书情报界为了推动科研成果利用互联网自由传播，免费供公众自由获取而采取的运动。其实现模式主要有两种：开放仓储和开放获取期刊。

（一）开放仓储

开放仓储多由研究机构、学（协）会或作者个人支持，可以存储论文的电子印本，包括预印本和后印本。预印本是还未在正式出版物上发表，而出于同行交流的目的自愿在学术会议或网络上发表的科研成果；后印本是指已经在期刊或其他公开出版物上发表的研究成果。开放仓储分为学科仓储和机构仓储。

1. 学科仓储

学科仓储是以学科为主线，对某个学科领域的各种类型的资源进行捕获、收集、整理、描述、组织、索引，实现这些对象的长期保存和广泛传播，以实现对这些对象资源的共享和利用为目的的知识库。最早由一些学术组织自发地将物理、计算机、天文学等自然科学领域内的文献以预印本的形式在网上进行专题领域内自由开放的学术交流，这就是早期的学科仓储。现在许多学科已建立了这种学科知识库，如古典文学、哲学史、经济学、化学、心理学等。其中著名的机构有 E-LIS、Cog-Print、公共医学中心、中国预印本服务系统等。

2. 机构仓储

机构仓储，又叫机构知识库，机构资源库。是在信息化、网络化环境下，为方便学术资源存取、促进学术交流而提出的，是获取、长久保存以及管理来自一个或多个学术团体的知识产品并将其提供给用户访问的一种数字化信息及其服务的集合。机构仓储相对学科仓储起步晚，但发展速度快。一般由大学、大学图书馆、研究机构、政府部门等创建和维护，用以保存并开放机构内部产出的所有学术成果。

（二）开放获取期刊

目前开放期刊主要有两种类型：一种是由传统期刊逐步过渡到开放期刊，作者自己选择论文是否采用开放存取模式；一种是直接创办的开放期刊。开放获取期刊多由出版商或者学（协）会机构创办，同行评审（peer review），以确保期刊质量。同时采用作者付费，对读者免费，使期刊能在更大范围内被利用，扩大期刊的读者范围和影响力。开放获取期刊分为专科型开放获取期刊和综合型开放获取期刊。专科型开放获取期刊，顾名思义，其收藏的资源都是围绕某一个或某几个学科来展开的。综合型开放获取期刊收录的资源所覆盖的学科范围十分广泛，带有综合性特征。

三、常用的OA资源

（一） 国内OA资源概况

1. 中国科技论文在线

中国科技论文在线于2003年8月正式开通，它是经教育部批准，由教育部科技发展中心主办，针对科研人员普遍反映的论文发表困难，学术交流渠道窄，不利于科研成果快速、高效地转化为现实生产力而创建的科技论文网站。它是我国涵盖学科最多、规模最大、收录论文数量最多的开放获取仓储，也是我国运作较为成功的开放获取仓储之一。

中国科技论文在线采用"先发布、后评审"的方式，作者自愿投稿的文章经初审后在7个工作日内发布出来，打破传统出版物的概念，免去传统的评审、修改、编辑、印刷等程序，给广大科学工作者提供一个方便、快捷的交流平台，提供快速发表和共享最新科技成果的平台。在线收录论文的专业领域以自然科学类为主，同时兼收部分社会科学类论文，依托由35位中国科学院和中国工程院院士组成的顾问委员会为网站提供学术指导。在快速发表论文的同时，保证了中国科技论文在线的学术性，大大提高了中国科技论文在线的学术影响力。请参见图7–14。

图7–14　中国科技论文在线

2. 奇迹文库

奇迹文库创办于2003年8月，是国内最早的中文电子预印本服务系统，是由一群中国年轻的科学、教育与技术工作者效仿arxiv.org等创办的非盈利性质的网络服务项目，专门为中国的科研人员开发、定制的电子预印本文库。其目的是为中国研究者提供免费、方便、稳定的电子出版平台，引领大学生、研究生、公众和科研人员及时了解最前沿的科研动态，培养他们写作预印本、进行科学研究网上交流的习惯，促进在线交流，向中国科研人员宣传开放获取的理念。奇迹文库不是出版物，也没有严格意义上的审稿机制，注册用户自行上传资料，上传成功的资料并不代表达到特定的学术标准，且资料的版权仍归作者所有，仍可向其他期刊投稿，作者也可在任何时间删除已上传的资料。

3. 中国预印本服务系统

中国预印本服务系统于2004年3月15日正式开通，该系统由中国科学技术信息研究所与国家科技图书文献中心联合建设，是一个以提供预印本文献资源服务为主要目的的实时学术交流系统。它由国内预印本服务子系统和国外预印本门户（SINDAP）子系统构成。系统收藏的主要是科技工作者自由提交的预印本文章，一般只限于学术性文章，系统收录的学科覆盖了自然科学、农业科学、医药科学、工程与技术科学、人文与社会科学五大类，除图书馆情报与文献学外，其他四个学科的每一个大类又细分为二级子类。该系统实现了用户自由提交、检索、浏览、预览文章全文、发表评论等功能。经过简单注册后的用户可以直接在该系统提交自己文章的电子稿，并在之后可以随时出于任何原因对其进行修改，系统将严格记录用户提交文章和修改文章的时间，便于用户在第一时间内公布自己的研究成果。该系统对用户提交的文章只进行简单审核，不对文章进行学术审核，因而具有交流速度快、可靠性高的优点。在系统中提交的文章版权仍归作者所有，作者仍可向其他期刊投稿，一旦文章在其他期刊上发表，作者可以在系统中修改文章的发表状态，标明发表期刊的刊名、期号，以方便读者查找。请参见图7–15。

图7–15　中国预印本服务系统

4. Socolar——OA资源一站式服务平台

Socolar是中国教育图书进出口公司为了顺应国际化的发展，基于用户的信息需求和信息检索角度考虑，方便学生、老师、研究人员和学者对OA资源的使用，对世界上重要的OA期刊和OA仓储资源进行全面的收集和整理，并实现统一检索，启动了Socolar项目，自主研发了一站式OA资源检索平台。该平台是国内首个综合性的开放式获取资源平台，测试版于2007年4月投入使用。Socolar的宗旨是全面揭示全球范围内的OA资源。

（二）国外OA资源概况

1. DOAJ——开放获取期刊目录

DOAJ是目前最权威、认知度最高的开放获取资源目录之一。它由瑞典隆德大学图书馆（Lund University Library）主办，OSI（The Open Society Institute）和SPARC（The Scholarly Publishing and Academies Resources Coalition）协办的一份开放获取期刊目录，是通过Internet免费获取全文的学术性期刊的网络平台之一。其目的是涵盖所有学科和语种的开放获取学术期刊，提高开放获取学术期刊的知名度、使用量和影响力，为用户提供一站式的服务，进而促进开放获取运动的发展，推动全球范围内的学术交流。请参见图7-16。

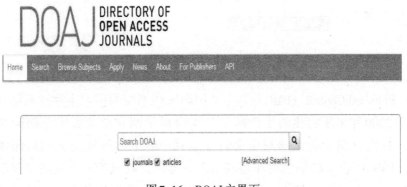

图7-16　DOAJ主界面

2. DOAR

DOAR（The Directory of Open Access Repositories）由英国Nottingham大学和瑞典Lund大学于2005年2月共同创立。开放获取知识库名录提供有关机构知识库、学科资源库等资源的目录列表，为用户提供这些数据库中保存的原始科研成果的搜索服务，同时这些数据库也是搜索引擎等检索工具的搜索源。用户可以通过数据库的名称、类型、收录资料类别等途径检索和使用这些数据库。

3. BMC

Biomed Central（BMC）是一个独立的网络出版平台和学术出版机构，它致力于为科研人员提供生物医学领域的研究论文的开放存取，是世界上第一个纯网络版期刊开放获取出版机构。它所收录的论文均是经过同行评议之后才出版的，保证了论文的学术质量。2000年5月，BMC开始尝试网络出版，BMC出版的部分开放获取期刊的影响因子已经超过传统同领域期刊的影响因子，说明科研论文的开放获取出版模式可以促进学术信息交流的速度和广度。请参见图7-17。

图7-17　BMC主界面

4. PMC

Plumbed Central（PMC）是由美国国家图书馆的国家生物技术信息中心于2000年1月创建的生物医学与生命科学期刊全文数字仓储网络平台，旨在仓储生物医学与生命科学期刊中的原始研究论文的后印本全文。PMC所收录的期刊由非盈利出版商提供，收录论文为经同行评议后已发表的论文的后印本，在全球范围内均可免费使用其全文，PMC只收录全文为英语的论文，收录的期刊中包括BMC和PLoS出版的纯网络版开放获取期刊。目前，PMC已收录期刊985种，其中完全开放获取期刊454种，不完全开放获取期刊130种，共584种，是目前世界上生物医学与生命科学领域最大的电子全文数据库。请参见图7-18。

图7-18　PMC主界面

5. JSTOR

Journal Storage（JSTOR）成立于1998年8月，是一个非盈利性的机构，主要致力于过期期刊的数字化工作。先后建立起涵盖哲学、政治学、经济学、历史学等人文社会学科，以及其他一般性学科共30多个领域的具有代表性学术期刊的全文数据库。凡是收录于这些数据库中的过刊，JSTOR均提供全文免费开放获取，期刊年代覆盖从创刊号一直到最近几年。请参见图7-19。

图7-19　JSTOR主界面

6. NAOP

The Net Advance of Physics（NAOP）是由麻省理工学院支持的有关物理学方面的开放获取资源，该系统为所有收录的物理学文献按26个字母排序做出索引，便于用户查询、浏览、下载和使用。请参见图7-20。

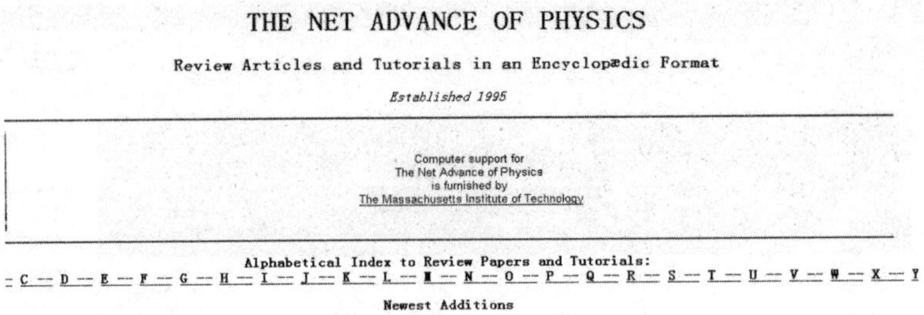

THE NET ADVANCE OF PHYSICS

Review Articles and Tutorials in an Encyclopædic Format

Established 1995

Computer support for
The Net Advance of Physics
is furnished by
The Massachusetts Institute of Technology

Alphabetical Index to Review Papers and Tutorials:

= C = D = E = F = G = H = I = J = K = L = M = N = O = P = Q = R = S = T = U = V = W = X = Y

Newest Additions

图 7-20　NAOP 主界面

【案例分析】

案例一

搜索关于元数据方面的相关 CAJ 格式文章。

检索步骤：

第一步，在浏览器中输入网址 http：//www.baidu.com/，打开百度检索主页；

第二步，在关键词检索框中输入"元数据+CAJ"，单击"百度一下"按钮；

第三步，在检索结果中查找所需信息。

请参见图 7-21。

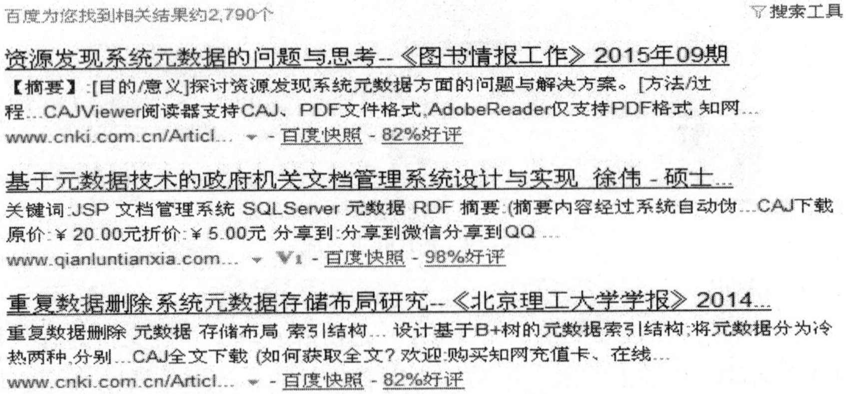

百度为您找到相关结果约2,790个　　　　　　　　　　　　　　　▽搜索工具

资源发现系统元数据的问题与思考--《图书情报工作》2015年09期
【摘要】:[目的/意义]探讨资源发现系统元数据方面的问题与解决方案。[方法/过程...CAJViewer阅读器支持CAJ、PDF文件格式,AdobeReader仅支持PDF格式 知网...
www.cnki.com.cn/Articl... - 百度快照 - 82%好评

基于元数据技术的政府机关文档管理系统设计与实现 徐伟 - 硕士...
关键词:JSP 文档管理系统 SQLServer 元数据 RDF 摘要:(摘要内容经过系统自动伪...CAJ下载
原价:￥20.00元折价:￥5.00元 分享到:分享到微信分享到QQ ...
www.qianluntianxia.com... - ▽1 - 百度快照 - 98%好评

重复数据删除系统元数据存储布局研究--《北京理工大学学报》2014...
重复数据删除 元数据 存储布局 索引结构...设计基于B+树的元数据索引结构;将元数据分为冷
热两种,分别...CAJ全文下载 (如何获取全文? 欢迎:购买知网充值卡、在线...
www.cnki.com.cn/Articl... - 百度快照 - 82%好评

图 7-21　第七章案例一的检索结果

案例二

搜索关于在敦煌发现的中国最早玄奘取经图的资料。

检索步骤：

第一步，在浏览器中输入网址http：//www.sohu.com/，点击"历史"板块；

第二步，进入"搜狐历史"页面后，点击"考古发现"，在"考古"的子目录下点击"敦煌现中国最早玄奘取经图 只有一个徒弟"栏；

第三步，浏览检索结果，关于在敦煌发现的中国最早玄奘取经图的详细文章。请参见图7-22。

图7-22　第七章案例二的检索结果

案例三

搜索关于开放获取的中国汉语文献资料。

检索步骤：

第一步，在浏览器中输入网址 http：//www.opendoar.org/，点击"find"，调出搜索界面（请参见图7-23）；

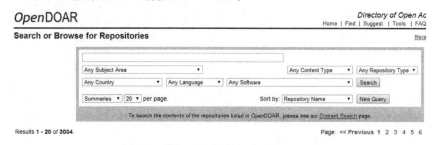

图7-23　第七章案例三的检索结果（1）

第二步，点击"Any Country"右侧下拉箭头，选择"China"，点击"Any Language"右侧下拉箭头，选择"Chinese"，在搜索框中输入"open accesss"（请参见图7-24）；

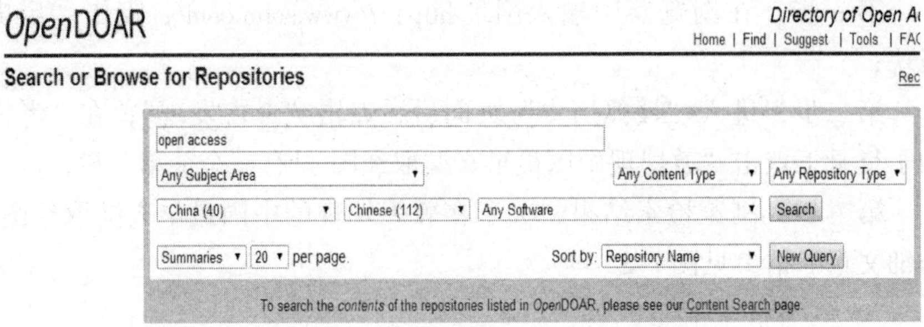

图7-24　第七章案例三的检索结果（2）

第三步，单击回车，浏览检索结果，查找相关资源。

【复习思考题】

1. 试析网络信息检索的概念、类型和特点。

2. 主要的网络信息检索技术有哪些？各自有什么特点？

3. 试从不同角度对网络信息检索工具进行分类。

4. 什么是搜索引擎？谈谈其工作原理。

5. 试析目录浏览型搜索引擎、关键词搜索引擎与元搜索引擎三者的异同。

6. 简述"开放获取"的概念、特征及类型。

7. 利用DOAJ，分别从"关键词检索""字顺检索""学科检索"三种途径查找African Health Sciences这本OA杂志。

8. 利用中国科技论文在线，查找有关"信息检索"的论文。

第八章 信息检索的应用

【内容概要】

本章首先阐述了信息采集和分析的原则、方法与途径。随后结合多种检索工具与检索方法的使用，对科研工作中起着重要作用的课题查新与开题报告的写作做了详细的讲解。此外，本章还着重介绍了综合利用信息资源对个人研究著作情况、专利以及政府报告的检索。

【要点提示】

- 信息采集与鉴别的原则、方法、途径
- 综合利用各种信息资源进行课题查新与专利情况检索
- 综合多种检索信息工具撰写开题报告
- 通过多种信息途径检索个人的研究与著作情况

第一节　信息资源的采集与评价

人们在日常生活中会通过各种信息渠道来获得信息，由此获取的信息有些是自己需要的，有些是自己并不需要的。因此，在利用所获的信息前，我们需要掌握信息资源采集与评价的一些原则、方法，将原本繁杂的信息去伪存真，由无序变为有序，从而便于我们利用。

一、信息采集原则

信息的采集主要遵循以下原则。

（一）相关性

指信息内容与信息需要的关联程度。依据一定的客观要求和主观判断，从众多信息中挑选最符合研究课题的内容。

（二）新颖性

指信息内容要具有新意，选择技术研究领域中最新颖及时的成果资料，从而准确把握科学研究的方向。

（三）准确性

指在众多信息中要尽量选择真实性、准确性以及权威性较高的内容材料，以保证对信息的利用建立在比较客观、正确的基础上。

（四）科学性

指研究者应根据自己的专题、课题，采用科学的方法与手段，多途径、高效率地搜集信息，既要满足当前需要，又要考虑未来发展。

二、信息采集途径

（一）在图书馆、档案馆等文献收藏单位中寻找

这些文献信息收藏单位除拥有大量的现实和虚拟馆藏可供使用，还

为读者提供文献借阅、复制、代译、报道服务，以及用户培训、解答咨询、文献信息检索等服务，应积极加以利用。这个过程中，特别值得注意的是：①利用文后参考文献获取文献信息是简便实用的获取文献信息的方法；②定期跟踪、阅读与本专业有关的核心期刊是捕捉最新消息、保持知识更新的重要手段之一。

（二）通过观察和调查收集材料

所谓观察和调查，是指深入社会实际，亲临现场抓第一手材料。调查的类型有普遍调查、典型调查、单项调查、专题调查、综合调查等。调查常用的方法是开会、访问、现场勘察等。

（三）版权页、索引

版权页、索引是学习和检索材料的工具。版权页用来记录图书名称、作者、卷册、版本等信息。索引则是用来汇集编排散见于图书期刊中的相关材料，编排时须注明出处、页码。版权页、索引是收集材料的好方法之一。

（四）利用三次文献

三次文献通常是指综述、述评、年鉴、手册、百科全书等经过三次加工的文献成品。利用三次文献能使我们比较迅速、系统、全面地了解某项研究的发展历史和趋势。

（五）利用其他工具书和向专家请教

通过利用字典和辞典等工具书和向专家请教，我们可以获得许多有价值的资料或者了解获取资料的途径。

（六）互联网信息的检索

此类信息的采集可以通过各种搜索引擎、专业网站、网络数据库、资源导航或主题指南、网上资源目录、已知站点上的超文本链接实现。还可能过其他途径，如学术论坛、实时交流、专题新闻组、专家主页和邮件列表等方法实现。

（七）非正式信息

这是指不通过信息收藏系统和信息管理工作者所完成的信息传递，而是通过信息接收者与信息发出者之间的讨论、访问、信件，以及各种学术研讨会、信息交流会等活动过后未能搜集或还来不及收集到书刊中去的信息，具有传播信息快、选择性高、针对性强、信息反馈迅速等特点，应注意加以利用。

三、信息鉴别方法

对所采集的信息进行选择的过程，实际上就是去粗取精、去伪存真的过程。这一过程可以使读者最终所选用的信息具有更强的针对性与时效性。对于信息的评价，我们通常采用以下方法。

（一）比较法

通过比照各种材料，判断信息的优劣、新旧以及需求符合程度，鉴别信息的真伪，从而去掉陈旧过时的无用信息或虚假信息，选择新颖、可靠的信息。

（二）核查法

审查核对原始材料记载的各种数据，保证选择准确、可靠的信息。

（三）分析法

通过对信息内容的初步分析，判断其是否正确、价值大小、质量高低等。概括起来，信息分析方法有以下几类。

1. 相关分析法

相关分析法就是利用信息之间内在的或现象上的本质联系，从一种或几种已知相关信息来判断未知信息的方法。相关分析法包括：内容相关分析法、性质相关分析法、结构相关分析法、变量相关分析法和数值相关分析法。

2. 信息预测法

就是运用科学的预测方法与技术手段，从已经掌握的有关某一事物的信息推出未知信息，从而对事物的未来发展趋势进行科学预测的方法。常见的信息预测方法有：趋势外推法、逻辑推理法、回归分析法、专家会议法、德尔菲（Delphi）法等。

3. 信息评估法

这是指对相关信息进行优化选样和对比、评价、分析，形成符合需要的信息的过程。常见的信息评估法有层次分析、指标分析、可行性研究、投入产出分析、价值工程等。但值得注意的是，应采用可量化的测度标准以避免信息评估的过程受评估人主观因素的影响，力求做到评估的客观性与准确性。

4. 内容分析法

这是对各种公开的信息资料进行系统的定量分析，其目的是揭示隐蔽性信息内容，弄清或测度文献中本质性的事实和趋势，是具有代表性的信息分析方法之一。

四、信息提炼方法

对于经过鉴别、选择的各种信息，人们仍可进一步根据需要对信息内容进行再加工与整理，从中提炼出内容高度浓缩与集中的优质信息。信息提炼一般不需要对信息内容进行复杂的分析和浓缩，它可采用以下方法。

（一）编制汇编

采用一定方法对原始资料少的、有价值的事实与数据进行汇总、编排与加工，形成原始资料的汇编以供利用。

（二）提取摘要

通过提取原始信息中的主要事实和数据形成二次文献，实现对原始信息的浓缩加工，从而成为原始信息主要内容的替代文献。

（三）编写综述

综述是对同一课题的大量原始信息进行分析、归纳和综合而形成的具有研究性的信息产品。综述可以是叙述性的，也可以是评论性的。叙述性的综述客观、全面地叙述某一课题的事实、数据等大量资料，不加综述作者的个人观点，对综述本身也不加评论。评论性综述是在叙述性综述的基础上加上综述作者的观点和评论，这些观点和评论都是作者研究性、创造性工作的成果。

第二节　科技查新

一、科技查新概述

（一）科技查新定义

在不同的历史时期，人们从不同角度和基于不同认识对科技查新进行了不同的定义。从20世纪90年代初开始，原国家科委结合实践经验对科技查新工作的定义进行了不断的修改。2000年12月8日，中华人民共和国科学技术部下发了"关于印发《科技查新机构管理办法》《科技查新规范》的通知"，其中《科技查新规范》对查新做出了规范的定义：查新是科技查新的简称，是指查新机构根据查新委托人提供的需要查证其新颖性的科学技术内容，按照本规范操作，并做出结论。

（二）科技查新的种类

1. 科研咨询

主要分为立项查新、成果鉴定查新、申报奖励查新。

2. 产品咨询

主要分为开发新产品查新、产品评优查新、国内外参展查新、申请免税查新、设备引进查新、产品市场行情查新。

3. 技术、方法咨询

主要分为引进技术查新、技术攻关查新、治疗方案查新、制定技术标准查新、技术动态查新。

4. 专利咨询

主要分为申请专利查新、专利有效性查新、专利纠纷查新。

（三）科技查新的作用和意义

1. 为科学评价科研成果提供客观依据

科技查新为科技成果的鉴定、评估、验收、转化、奖励等提供客观的文献依据，并保证科技成果鉴定、评估、验收、转化、奖励等的科学性与可靠性。通过查新可以了解国内外有关科学技术的发展水平、研究方向；对所选课题是否具有新颖性提供客观的判断依据。

2. 为科技人员进行研究开发提供可靠而丰富的信息

随着当下科学技术的不断发展，学科分类越来越细致，专业信息的获取存在一定困难，而查新机构一般具有丰富的信息资源和完善的计算机检索系统，能够提供一次文献到二次文献的全面服务，通过专业查新人员的查新可以大量节省科研人员查阅文献的时间。

3. 对专业和专业人员的意义

提高情报工作地位，促进情报人员自身建设，通过情报工作为科研立项、科技成果鉴定等提供社会化服务。

二、科技查新的步骤

（一）分析检索课题，明确检索要求

立题查新和科研论证检索需要检索者以检索结果出具准确的检索报告，并提供所查找出来的信息线索或者文献原文，以此作为立题或鉴定的依据。这需要仔细认真地分析，弄清楚课题学科属性、专业范围及其相关内容，以便在此基础上检索相关文献。

（二）选择合适的检索工具（数据库），确定检索方法

各种检索工具都有自己的特点，覆盖的专业范围、收录文献的类型等均有差别。所以，选择检索工具要注意以下几点：①收录文献类型要全；②文献报导数量要大；③时差短；④检索途径要多；⑤文献的著录要标准。检索方法包括：顺查法、倒查法、抽查法、追溯法、分段法、浏览法。

（三）选择检索途径，确定检索标识

现有检索工具一般都有书名途径、著者途径、引文途径、序号途径、分类途径、主题途径、关键词途径、分类主题等检索途径。应充分利用检索课题所给已知条件，选择检索途径，配合使用，以达到良好检索效果。选择检索标识，应注意各种检索途径的特点及编制规则，如主题标识应注意正确使用主题词表，分类标识应注意分类表的族性关系和相关类目。著者标识应注意不同国家和民族著者姓名的特点和索引编制规则，以达到检准检全的目的。在此基础上，我们要检索相关文献，取原文。获取原文后，分析结果，判断结果是否符合我们的需要。

（四）如果检索结果不满意，修正检索策略，重新检索

检索后通过查看文献检索结果数量的多少或相关程度的高低，可以评价检索策略的好坏。在实际检索中，当放宽检索以提高查全率时，就会降低查准率；反之，当缩小检索范围以提高查准率时，就会降低查全率。因此要正确分析误检、漏检原因，及时调整策略。

1.误检原因分析

没有对检索词进行限制。包括字段限制、时间限制、分类限制等；主题概念不够具体或具有多义性导致误检；对所选的检索词截词截得过短。

2.漏检原因分析

错选数据库；检索概念太多、检索概念错误或拼写错误；选用了不规范的主题词或某些产品的俗称、商品名作为检索词；没有充分考虑检索词的同义词、近义词或隐含概念；没有完整运用上位概念或下位概念；位置运算符过多、过严格或字段限制太严格。

3.缩小检索途径的方法

进行加权检索；提高检索词的专指度，选用下位词或专指性较强的自由词检索；减少同义词与同族相关词；增加限制概念，采用逻辑"与"连接检索词；使用字段限定，将检索词限定在某个或某些字段范围内；使用逻辑"非"运算符，排除无关概念；调整位置算符，由松变严；浏览部分中间检索结果，从检出的记录中选取新的检索词对中间结果进行限制。

4.扩大检索途径的方法

降低检索词的专指度，选用上位词或相关词检索；选全同义词与相关词并用逻辑"或"将它们连接起来，增加网罗度；减少逻辑"与"的运算，丢掉一些次要的或者太专指的概念；去除某些字段限制；调整位置算符，由严变松；去除文献类型、年份、文种等文献外表特征的限定；选择更合适的数据库。

经过以上步骤，若还未检索到满意结果，请用以上方法再次检索，直到得到满意结果为止。

第三节　开题报告撰写

科学研究非常重视开题报告的写作。开题报告质量的高低会直接影响到科技工作者科研工作的开展，会直接影响到本科生、研究生学位论文的写作与学位的申请。今后，开题报告在写作方面的要求也会越来越高。

一、报告内容

开题报告的内容，主要包括研究目的和意义、文献综述、资料收集方法和写作步骤、参考文献这几个方面。其中，研究目的包括选题的原因、重要性和必要性。研究意义既包括研究的理论意义——所选课题在理论上有哪些创新与突破或属于哪些理论范畴，又包括研究的现实意义——所选课题对本学科的发展有哪些指导作用，对学科建设和实际应用有什么参考价值。而文献综述则是通过对前人学术观点和理论方法的阅读、整理、归纳与评价，总结已有的研究成果，从中发现问题，提出尚未解决的研究空白，阐述自己研究该课题的学术价值。其内容包含了"国内外发展趋势""基本论点和研究方法"等方面。

二、写作要求

（一）强调查全率

撰写综述时，最重要的是搜集的文献资料尽可能齐全，在保证搜集国内外的文献多、全的同时，还要注意搜集文献的质量。

（二）突出新颖性

在所检索到的文献中，必须有最近、最新发表的文献，如该领域的专利文献、核心期刊、经典著作、专职部门的研究报告、重要代表人物的观点和论述等。

（三）保证连续性

开题报告的写作既要了解本课题研究的历史和现状，也要密切掌握研究的动向；既要吸取过去研究的经验教训，也要勇于开拓新思路。因此，在开题报告的写作过程中，需要不断从前人研究的参考资料中得到借鉴、印证、补充和依据，因此要重点检索图书、期刊、专利、学位论文等，以保证整项研究的继承性与连续性。

（四）方法多样性

在搜集文献和信息的过程中，可以综合利用多种文献检索方法和技巧：追溯法、常用法和交替法；顺检法、倒检法和时间抽样法。

【案例分析】

案例一

有一位医学专业研究生的毕业论文是有关某种疾病"细胞因子诱导因素研究"。该研究生在查阅疾病诱导因素文献时，得到科研启发，发现没有人进行过对某种机制的分析，而经实验证实该机制是该疾病诱因形成的关键。但该研究生不知从何入手去撰写有关的论文。请问如何通过检索，明确开题报告的研究方向？

通过检索明确开题报告的思路是否清晰，研究方向是否有价值。首先，应直接查阅分析该机制的文章，例如分析该机制与主课题即疾病细胞因子诱导因素的关系。其次，分析该研究领域的主要进展，通过分析该研究概念是否有突破，是否具有创新性，是否具有可以广泛应用的新技术等来审视该研究的科学性、学术性、实用性。再次，检索国内外有关研究的背景与进展。最后找到有价值的空白点作为研究方向。

案例二

一篇博士论文开题报告为"中国半导体产业政策研究"，最初提出的问题是：中国半导体产业为什么发展不起来？这仅仅是对现象的探询，而非有待求证的理论命题。理论命题是：中国产业政策过程是精英主导的共识过程吗？请问：分析课题后如何确定检索标识？采用哪些检索工具？

第一步，先划定一个"兴趣范围"，如半导体产业、信息产业等，广泛浏览相关的媒体报道、政府文献和学术文章，找到其中的"症结"或"热点"。

第二步，总结以往的研究者大体从哪些理论视角来分析"症结"或"热点"，运用了哪些理论工具，如公共财政的视角、社会冲突范式等。从几个方面来检索。①时间：从1980年到2000年。②对象：政府决策行为，而不是市场、企业、治理结构等。③视角：政治和政府理论中的精英研究。④案例：908工程、909工程、13号文件和"电子振兴"，这是发生在1980—2000年间半导体政策领域的两个重大工程和两个重要文件。最后确定检索标识"政策过程""精英政治""共识诉求"。

第三步，选用检索工具：图书馆的馆藏数据库、政府出版物、"中文科技期刊数据库"、中国知网的"中国期刊全文数据库"和"中国优秀博硕士学位论文全文数据库"。

【复习思考题】

1. 简述信息采集与甄别的原则与方法。

2. 在平时进行论文写作时，你会通过哪些途径去搜集所需信息？

3. 选择一位你熟悉的本专业的教授，综合利用各种检索工具搜集该教授的文章发表与著述情况。

4. 结合信息检索课程，选择自己感兴趣的一个问题，写一篇关于该问题的文献综述。

主要参考文献

［1］高月起.论图书馆的开放获取理念［J］.图书馆学刊，2006，28（5）：43–45.

［2］李海蓉.网络学术资源的开放获取［J］.情报探索，2006（8）：30–32.

［3］彭志宏，王家驹.现代图书馆信息检索与利用［M］.郑州：郑州大学出版社，2008.

［4］乔冬梅.国外学术交流开放存取发展综述［J］，图书情报工作，2004，48（11）：74–78.

［5］孙济庆，葛巧珍，曾媛，等.现代信息检索教程［M］.上海：华东理工大学出版社，2006.

［6］王云娣.网络开放存取的学术资源及其获取策略研究［J］.中国图书馆学报，2006，32（2）：76–78.

［7］谢德体，陈蔚杰，徐晓琳.信息检索与分析利用［M］.北京：清华大学出版社，2007.

［8］袁豪杰，颜先卓.现代信息检索与利用［M］.北京：北京邮电大学出版社，2004.

［9］袁立芬，王苏海.实用科技信息资源检索与利用［M］.2版.南京：南京大学出版社，2010.

［10］杨帆，詹德优.开放存取及其实现方式分析［J］.图书馆论坛，2006，26（1）：186–189，171.

［11］张帆，等.信息存储与检索［M］.北京：高等教育出版社，2003.

［12］张海政，王建涛，金学梅.信息检索［M］.合肥：安徽科学技术出版社，2007.

［13］朱静芳.现代信息检索实用教程［M］.2版.北京：清华大学出版社，2012.